TOUT VOULOIR TOUT AVOIR

Éditions Kiwi
5, rue de Charonne, 75011 Paris

Direction : Édouard Frison-Roche
Direction éditoriale : Katia Kaloun
Édition : Axelle Quéré, assistée de Lucie Bernamont
Création graphique et mise en pages : Charlotte Thomas

Crédits iconographiques : illustrations © Oqvector/Istock.com

ISBN : 978-2-37883-158-5

Sarah Zitouni

Créatrice de la méthode PowHER ta carrière !

TOUT VOULOIR TOUT AVOIR

Assume la boss
qui est en toi !

kiwi

SOMMAIRE

PRÉFACE

DE **MARIE BONGARS**, CRÉATRICE DES PODCASTS ***UNE SACRÉE PAIRE D'OVAIRES***, ***9 MOIS*** ET ***TA FICTION DE L'ÉTÉ*** **(@MARIEBONGARS)**

Si tu n'as jamais dit : « Merci, mais j'ai surtout eu beaucoup de chance » après un succès personnel, ce livre n'est pas fait pour toi. Si tu n'as jamais refusé d'envoyer un mail, de demander une augmentation ou une promotion parce que tu avais peur d'affronter un « échec », ce livre n'est pas fait pour toi. Si tu n'as jamais appréhendé de prendre la parole lors d'une réunion, ce livre n'est pas fait pour toi. Si tu n'as jamais décliné une offre parce que tu ne te sentais pas à la hauteur, ce livre n'est pas fait pour toi… Bref, si tu n'es pas une femme, une personne racisée ou appartenant à toute « minorité », tu peux fermer ce livre. Bon, j'abuse peut-être un peu, mais je ne pense pas être si loin de la vérité.

Parler d'argent, de l'entrepreneuriat, du monde du travail, est encore une zone peu explorée par le féminisme. Et pourtant, elle est si importante à découvrir puis à s'approprier pour parvenir à l'égalité. À mi-chemin entre un livre de développement personnel et le parfait guide pour tout déchirer dans ta vie et ta carrière, *Tout vouloir, tout avoir* regorge de conseils faciles à mettre en place et d'exemples personnels ou de « coachées », très facilement transposables dans ta vie personnelle.

Tu vas pouvoir apprendre à combattre ton syndrome de l'imposteure – qui semble être transmis de mères en filles, de génération en génération, depuis des siècles –, découvrir ta vraie valeur mais aussi expliquer en réunion à Jean-Eudes que c'est toi qui as la parole et qu'il aura tout le temps de parler quand tu auras fini. Sarah, tout en étant pédagogue, te pousse dans tes retranchements, dans ces zones qui pourraient te valoriser et que tu décides presque sciemment de laisser dans l'ombre. C'est sûrement son travail de coach et ses créations de contenus sur les réseaux sociaux qui lui amènent la première qualité tandis que son histoire personnelle et sa vie lui amènent la seconde.

Ce que j'aime beaucoup dans *Tout vouloir, tout avoir*, c'est qu'on sent que Sarah sait de quoi elle parle et qu'elle n'a pas forcément toujours été la *badass* actuelle que l'on imagine, celle qui tape du poing sur la table de l'entretien et prend le *lead* d'une réunion, celle qui avait déjà mis son syndrome de l'imposteure au placard avant de naître.

Savoir qu'elle a défriché et parcouru le chemin avant nous est rassurant et inspirant. Ses réflexions sont à la fois percutantes et bienveillantes, et c'est tout ce dont on a besoin. Avec ce livre, tu vas tout simplement t'entraîner à réussir. Et tu vas ressortir de cette lecture motivé·e comme jamais, avec une confiance en toi décuplée et prêt·e à amener un peu de *powher attitude* dans ce monde.

INTRO-
DUCTION

J'ai eu très peur d'écrire ce livre. À chaque mot, je me demande encore si ce que je fais est bien suffisant. La difficulté qui me fait obstacle, ce n'est pas tant le syndrome de l'imposteur – que j'ai appris à gérer en utilisant notamment les méthodes que je décris dans ce livre. Ce n'est pas non plus l'immensité de la tâche, ni la réalisation du rêve de devenir autrice. Non, pour tout cela, j'ai travaillé un jour après l'autre, un chapitre après l'autre, une page après l'autre, et je suis fière de le voir maintenant terminé, ce livre !

La vérité, c'est que j'ai peur que ce livre donne une mauvaise impression de ce que les femmes vivent dans le monde du travail. J'ai peur qu'en s'appuyant sur ce livre, des gens mal renseignés ou particulièrement mal intentionnés en profitent pour dire : « Vous voyez, le problème des femmes au travail réside dans leur comportement. Il suffit qu'elles changent ou qu'elles fassent l'effort de s'adapter pour que tout soit oublié. » En bref, qu'ils s'en servent pour dire que pour être efficace, professionnelle et talentueuse, une femme doit « simplement » devenir un homme ou, au moins, se comporter comme l'un d'entre eux.

Pourtant, ce serait bien malhonnête que de faire peser sur les femmes la responsabilité de toutes les difficultés qu'elles rencontrent dans le monde professionnel. Parlons du domaine financier, qui est encore le plus aisé à quantifier. Le fait est que les femmes sont en moyenne payées 18 % de moins que les hommes (10,5 % pour un travail à compétences et poste égaux)[1]. Un écart dont la conséquence directe est qu'elles touchent, une fois à la retraite, une pension moyenne de 1 145 €, contre 1 924 € pour les hommes[2]. Les femmes entrepreneures, pour

1. Rapport de l'Observatoire des inégalités qui reprend les chiffres de l'Insee et du ministère du Travail pour 2015.
2. Direction de la recherche, des études, de l'évaluation et des statistiques (Drees), rapport d'activité 2019.

leur part, se voient refuser le crédit dont elles ont besoin à un taux deux fois plus élevé que les hommes entrepreneurs, alors que leurs entreprises sont 7 % plus profitables en moyenne[3]. Et que dire du fait que les femmes voient leur salaire moyen décrocher de 4,6 % quand elles deviennent mères, alors que celui des pères augmente de 6 % dans le même temps[4] ? Enfin, la dernière crise sanitaire a encore fait reculer les droits des femmes d'une génération, car l'estimation de l'année où nous atteindrons l'égalité a été repoussée à l'horizon 2157, soit dans 136 ans[5], une ère que ni moi, ni mes enfants, ni même leurs enfants ne connaîtront !

Je pourrais encore dérouler bien des chiffres pour prouver, s'il faut encore le faire, que les femmes et les hommes sont loin d'être sur un pied d'égalité dans le monde du travail. Je choisis plutôt un autre exemple, que je trouve plus significatif : dans l'esprit commun, quand une femme est cuisinière, c'est qu'elle exerce dans une cantine ou prépare les repas dans son foyer ; quand un homme est cuisinier, au contraire, il est plus souvent chef étoilé. Et ce n'est pas la seule activité dont la pratique quotidienne est largement féminine, mais l'excellence toujours masculine. On peut évidemment citer la couture, où on passe d'une armée de femmes qui font des ourlets chez elles à des créateurs de maisons de haute couture, presque toutes tenues par des hommes.

En somme, **le monde du travail est largement fait par les hommes pour les hommes, c'est-à-dire à leur bénéfice**.

3. Étude Opinion Way sur l'entrepreneuriat féminin pour la fondation Entreprendre et Axa, 2017.
4. Études « Entreprises, enfants : quels rôles dans les inégalités salariales entre femmes et hommes ? », Insee, 2019.
5. « Audition de Mme Dominique Joseph, co-rapporteure de l'avis du CESE : crise sanitaire et inégalités de genre », avis du Conseil économique, social et environnemental présenté au Sénat, 2021.

Et si la carrière est une course, certains sont chaussés des dernières baskets offertes par leur sponsor et courent sur une piste d'athlétisme confortable dans un stade olympique, pendant que certaines la courent pieds nus à travers les marécages, dans le brouillard et en évitant crocodiles et piranhas.

Ce n'est évidemment pas la faute des femmes ! Quand les études montrent que dans plusieurs pays d'Europe, dont la France, les parents donnent plus d'argent de poche aux garçons qu'aux filles[6], il ne serait pas honnête de blâmer les femmes pour les inégalités qu'elles subissent une fois adultes. Quand 80 % de la cour de récréation est occupée par les garçons[7], reléguant les filles au bord et avec le rôle de déranger le moins possible, comment peut-on blâmer une femme qui n'ose pas prendre de la place ? Les comportements que je décris et que je déconstruis dans ce livre ne sont pas arrivés par hasard et nuitamment. Ils sont issus d'**un système social sexiste**, où les dés sont pipés en faveur de certains et où personne n'enseigne jamais aux femmes comment tirer leur épingle du jeu.

Alors non, avec ce livre, je ne peux pas agir sur le terrain de la course et je ne peux pas échanger les dés pipés avec des dés équilibrés. Il faudrait de nombreuses solutions techniques et politiques, donc un pouvoir que je n'ai pas, et le courage de les mettre en place. Mais oui, je peux t'armer pour faire face à ce système. Ce livre, c'est ma façon de te fournir une paire de chaussures de course, de t'aider à t'orienter dans le brouillard, et peut-être même de t'apprendre à faire peur aux crocodiles. Alors, en route !

6. « L'argent et les adolescents », baromètre annuel réalisé par l'institut Poll&Roll pour la néobanque Pixpa, Childwise, 2017.
7. Rapport « Formation à l'égalité filles-garçons », Haut Conseil à l'Égalité (HCE), 2017.

PARTIE

DÉCOUVRE TON POUVOIR INTÉRIEUR

01

Chapitre 1

À BAS LE SYNDROME DE L'IMPOSTEUR !

J'ai 17 ans et je suis en école d'ingénieur. Assise en cours de conception, je récupère de la main de mon prof mon dernier devoir. Il me le tend et, avant de le lâcher, me dit qu'il veut me parler à la fin du cours. Comme je m'y attendais, j'ai une note assez médiocre. Je suis particulièrement déçue, parce que je rêve de devenir ingénieure en mécanique depuis toute petite, mais qu'à l'évidence, je ne parviens pas à faire un dessin industriel correct.

À la fin du cours, je reste donc et m'approche du bureau de mon professeur. Il me dit : « Je ne comprends pas, tu ne sembles pas être dissipée en cours, tu poses des questions, je vois bien que tu es intéressée. Mais chacune de tes copies que je corrige est truffée d'erreurs que tu ne devrais même pas faire. » Je ne sais pas quoi lui dire, parce que je ne sais pas non plus pourquoi la feuille d'examen me terrifie toujours, au point de ne plus rien savoir quand je dois composer. Il insiste : « La question 5, c'est le pompon ! La veille, tu me poses cette exacte question sur les tolérances d'arbres, je te réponds, tu confirmes la réponse. Et là, je corrige et je vois que tu as appliqué exactement l'inverse de ce qu'on s'était dit. C'est le moment où je me suis dit que tu devais te foutre de moi ! » L'accusation, venant en plus d'un prof qui m'est sympathique, me sort de ma stupeur et je lui réponds qu'évidemment, je ne me fiche pas de lui.

À force d'insister, je finis par expliquer ce que je ressens. Le malaise quand je suis seule devant ma copie, la fuite que j'ai envie de prendre dès les premières minutes de l'épreuve, **le sentiment de ne pas être à ma place et la peur terrible d'échouer** alors que je n'ai pas de plan B, et que perdre mon rêve serait tout perdre.

Petit à petit, il pose des questions et met un mot sur mon ressenti général : je suis convaincue d'être un imposteur. Je crois que je vais être démasquée et sommée de partir immédiatement à chaque minute que je passe sur le campus de cette école que j'ai tellement rêvé d'intégrer. Je dépense tellement d'énergie à me saboter mentalement que ça commence à se voir physiquement : je perds du poids, moi qui suis déjà toute menue. Et évidemment, au-delà de tout ça, je plante systématiquement mes examens, comme pour conforter cette idée fixe que je n'ai pas ma place ici.

Fabrice, mon prof, écoute, puis m'explique que seul un tiers des candidats qui postulent à l'école est pris, que personne ne m'a fait de fleur pour que je sois ici. Que je le croie ou non, j'ai été choisie parce que j'étais du bon matériau pour cette école. Il m'explique que les femmes ne réussissent pas moins bien que les hommes, que celles qui viennent d'un milieu populaire sont des étudiantes brillantes de son département, à qui le corps enseignant propose même souvent des thèses. Il m'explique que je peux y arriver, que je peux réussir, mais qu'il faut immédiatement que j'arrête de me mettre des bâtons dans les roues toute seule.

J'ouvre enfin les yeux sur mon problème : mon manque de confiance est devenu un saboteur interne, le syndrome de l'imposteur, et je ne peux plus l'ignorer, au risque qu'il me coûte tout ce que j'ai toujours voulu avoir.

Alors évidemment, je n'ai pas réussi à m'en débarrasser par magie du jour au lendemain. J'ai continué à planter certains examens, mais j'ai aussi commencé à en réussir d'autres. J'ai notamment fini par atteindre par moments un lâcher-prise salutaire. Au bout du compte, j'ai été classée 280e sur 680 élèves, ce qui m'a permis de choisir mon département de spécialisation. J'ai opté pour Génie mécanique et Développement, le département de Fabrice. Je suis même devenue chercheuse à ses côtés pendant un an !

Il n'y a donc pas, dans ce livre, d'incantations pour faire disparaître le syndrome de l'imposteur et autres croyances limitantes immédiatement. J'aimerais pouvoir faire ça, mais je ne suis pas une sorcière. Ça a été un long chemin pour devenir celle que je suis aujourd'hui, confiante et solide sur ses deux pieds. Ce que je peux te promettre, cependant, c'est que ça n'a pas besoin d'être aussi long pour toi que ça l'a été pour moi. Je vais t'épargner un certain nombre d'erreurs que j'ai faites et te faire gagner un temps précieux.

LE DIAGNOSTIC

Commençons par un exercice simple pour faire un diagnostic. Comment savoir si tu souffres toi aussi de syndrome de l'imposteur ?

Repense à ton dernier succès, à ta dernière réussite. Déjà, si tu as du mal à en avoir un qui te revient, tu peux tranquillement continuer à lire ce chapitre, il va te servir ! Maintenant que tu en as un en tête, rappelle-toi de ce que tu as ressenti ou de ce que tu ressens encore à propos de cette expérience. Est-ce que tu t'es dit que tu avais eu de la chance d'y être arrivée ? Est-ce que tu t'es dit que ce n'était pas vraiment grâce à toi, ou que tu n'y étais arrivée que grâce à l'aide d'untel ou d'unetelle (ton équipe, tes collègues, ta famille) ? Est-ce que tu t'es fait la remarque que, finalement, ce n'était pas si dur que ça, dévaluant ainsi ton accomplissement d'une tâche qui te paraissait insurmontable auparavant ? Et enfin, est-ce que tu t'attribues toujours le blâme complet pour tes échecs, mais jamais la maternité pleine de tes réussites ?

Si tu as répondu « oui » à une voire à plusieurs de ces questions, tu as ton propre saboteur interne et tu peux continuer à lire ce chapitre pour trouver comment le déloger de ta tête.

Tout d'abord, si je peux te rassurer, ce que tu vis n'est pas rare. 75 % des femmes et 50 % des hommes répondent comme toi positivement aux questions précédentes[8] et vivent donc avec leur syndrome de l'imposteur. Tu remarques que **les femmes en souffrent plus que les hommes** : la faute à nos éducations genrées. Depuis toute petites, les filles sont complimentées avec des mots qui dénotent de **qualités passives** : sage, jolie... Pendant ce temps, des qualités plus actives sont mises en lumière chez les garçons : courageux, fort... La société signale donc aux petites filles, plus qu'aux petits garçons, que **leur valeur est déterminée par leur attitude envers les autres, et donc par l'opinion que les autres ont d'elles**, plutôt que par leurs propres caractéristiques. Par conséquent, les femmes ne sont pas amenées à construire une mesure de leur valeur interne très forte et peuvent vite embarquer à bord de leur cerveau, sans s'en rendre compte, un saboteur interne fort.

Évidemment, s'il s'avère qu'en plus, tu viens d'un **milieu modeste** comme moi, et que donc tu as fait un **saut de classe sociale** ou que tu es **racisée** par exemple, tu as d'autant plus de chance de ressentir ce syndrome de l'imposteur. C'est en soi une double injustice, parce que celles qui partent de plus loin et sont les plus défavorisées dans notre société vont subir de plein fouet l'impression d'illégitimité constante, en lieu et place de la fierté bien méritée d'avoir réussi contre les éléments.

8. Assises de la parité par KPMG, édition 2021.

J'ajouterai aussi que plus tu es intelligente et compétente, plus il est possible que tu sois affectée par le syndrome de l'imposteur. Ça s'explique par l'effet Dunning-Kruger : plus on est incompétent, moins on en a conscience et plus on surévalue ses capacités. Ma grand-mère résume ça en un adage simple : ce sont les tonneaux les plus vides qui font le plus de bruit. C'est comme ça que Buzz Aldrin promène son syndrome de l'imposteur d'interview en interview, alors que Trump et Bigard en semblent absolument dépourvus quand ils se présentent à l'élection présidentielle.

La bonne nouvelle, cependant, c'est que le syndrome de l'imposteur n'est pas incurable : comme mon anecdote personnelle visait à te le montrer, j'ai clairement réussi à apprendre à le tenir à distance. Je ne suis d'ailleurs pas la seule à y être arrivée : voici l'histoire d'une de mes coachées pour t'en convaincre.

M. est freelance. Elle est brillante et n'a aucun problème à obtenir des contrats. Voilà même plusieurs années qu'elle travaille pour le même client, une agence pour laquelle elle est devenue absolument indispensable. Elle travaille en autonomie sur les plus gros projets, fait des présentations pour les clients et coache les équipes. Mais au début de notre coaching, M. était incapable d'augmenter ses prix. Elle savait pourtant qu'elle les avait fixés trop bas dès le début, qu'elle n'était plus junior et qu'elle aurait bien eu besoin d'augmenter ses revenus pour ses projets personnels, mais il lui était impossible de le faire ! Elle ne s'en croyait jamais digne suffisamment longtemps pour aborder le sujet avec son client. Au fil de notre coaching, nous avons fini par découvrir ensemble ce qui clochait et la faille dans laquelle son syndrome de l'imposteur se cachait, pour ressortir quand elle allait moins bien et qu'elle se sentait vulnérable. Il exploitait dans son cas un certain nombre d'erreurs passées, qu'elle refusait inconsciemment de se pardonner. Elle se repassait la cassette de ses erreurs en boucle dans la tête chaque fois qu'elle était affaiblie par une réflexion, un manque de considération ou une erreur, même minime.

Je vais revenir plus tard sur les différentes failles que ton syndrome de l'imposteur peut exploiter et comment en venir à bout. Je veux juste te dire maintenant qu'au bout de six semaines de coaching, M. s'est pardonnée, a pris conscience de son talent, a arrêté de se saboter par trop de perfectionnisme, et qu'elle a non seulement rehaussé ses prix, mais qu'elle est aussi partie en quête de nouveaux clients, dans l'industrie de ses rêves. Tout ça, parce qu'elle s'en sent digne, de l'intérieur. Car il s'agit bien de cet enjeu avec le syndrome de l'imposteur : comment réussir à retrouver **notre vraie voix intérieure** et élaborer **notre propre mesure de notre valeur en interne** ?

LE VRAI COÛT DU SYNDROME DE L'IMPOSTEUR

Avant de plonger dans la méthode et les exercices, faisons un bilan de ce que ton syndrome de l'imposteur te coûte. Je ne fais pas du tout ce bilan pour te maltraiter ou t'enfoncer dans la déprime. Au contraire, comme on prend une photo avant/après quand on veut relooker son appartement, ou comme on fait le bilan d'un investissement avant de le tenter, je veux te montrer que les efforts que je vais te proposer sont rentables.

La première conséquence évidente de ton syndrome de l'imposteur, c'est qu'il parasite **ton énergie**. En effet, débattre avec toi-même de la légitimité de toutes tes actions pendant tout ton temps éveillé (et même parfois la nuit en rêve !), c'est une énergie folle de dépensée, c'est une guerre civile dans ton cerveau, entre ta vraie voix intérieure et ton saboteur. Cette guerre consomme beaucoup de ressources.

Ensuite, si tu gagnes la bataille aujourd'hui, tant mieux, tu peux maintenant te concentrer pour obtenir ce que tu veux. Mais si tu viens à perdre la bataille (et il est des jours où on perd la bataille), te voilà **plongée dans le doute et incapable d'être dans l'action**. Tu perds donc du temps, ce que tu te reprocheras plus tard (alors que dans le fond, ce n'est absolument pas de ta faute). **Tu refuses des opportunités** qu'on te propose et **tu ne réclames pas ton dû**.

Si tu enchaînes les batailles perdues contre le saboteur, il gagne en force alors que ta voix intérieure s'affaiblit. Le risque, dans ce cas, c'est notamment le **burn out** : l'absence de confiance et de reconnaissance intérieure, si elles ne sont pas compensées par une reconnaissance extérieure, vont te pousser à **travailler jusqu'à l'épuisement**. C'est logique : si on risque de te démasquer à tout instant, et que tu ne mérites pas ta place, alors il faut que tu en fasses plus pour donner l'illusion et survivre au moins un jour de plus. Ce n'est évidemment pas viable au long cours, et cela te mène forcément vers ton point de rupture, aussi résistante et courageuse que tu sois.

COMMENT METTRE À MORT UN SABOTEUR

Il faut d'abord nommer l'ennemi. Jusqu'à maintenant, j'ai utilisé des noms qui sont propres au phénomène en parlant de saboteur interne ou de syndrome de l'imposteur. Maintenant, je veux que, toi, tu choisisses **un nom pour ton saboteur personnel**. Je ne plaisante pas : le nommer a pour effet de **le dissocier de ta vraie voix intérieure** (elle porte déjà ton nom), mais te permet aussi de lui parler. Tu peux choisir le nom de la personne qui a le plus contribué à ce sabotage, ou bien un légume que tu n'aimes pas (Fenouil), un personnage mythique négatif (Diablo, Lucifer) ou encore un prénom désuet ou inventé que tu es sûre de ne pas croiser (Cunégonde, Jean-Zizi).

Maintenant que tu as choisi le nom de ton saboteur, il est temps de commencer à **repérer ses manœuvres** (p. 142). Prends conscience de ton discours intérieur et du bruit dans ta tête. Comment est-ce que tu te parles ? Est-ce que ça change dans la journée ? En fonction de quoi est-ce que ça change : fatigue, irritation, remarques négatives de quelqu'un d'autre ? Prends note des phrases qui te reviennent beaucoup en tête. Tu peux aussi, à la fin de la journée, faire du *journaling* : sur une page blanche, réponds aux questions suivantes : comment as-tu ressenti ta journée ? Quelle opinion as-tu eue de toi, à voix haute comme dans ta tête ? Quelle impression en as-tu gardé en fin de journée ?

Au bout d'une semaine d'exercice d'écriture, tu peux commencer à voir un *pattern* se dessiner. Tu peux **repérer les failles**, les moments où ton discours interne vire au négatif (p. 142). Par exemple, ça peut être plutôt en fin de journée, après avoir subi plusieurs vexations et ne pas avoir osé parler, ou alors en présence d'une personne en particulier. Tu vas peut-être réaliser que les mots que tu emploies pour te maltraiter comptent plus que ceux que tu utilises pour te réconforter ou te récompenser, ou qu'il y a un seuil jusqu'auquel tu peux gérer les remarques négatives extérieures ou ton manque de confiance, avant de plonger dans une boucle de rétroaction où tu te reproches tout et n'importe quoi, y compris des dossiers vieux de dix ans qui devraient largement être archivés.

Ce n'est probablement pas très agréable de regarder tout ça et je veux te faire part de ma **bienveillance**, mais je voudrais aussi que tu t'offres la tienne. Ce que tu fais est très important, tu le sais maintenant que tu connais le coût du syndrome de l'imposteur. Mais c'est aussi difficile, alors je veux que tu te dises dès maintenant à quel point **tu es courageuse** d'entamer ce processus. Je veux que tu te remercies toi-même de le faire.

Tu as maintenant le portrait-robot et le nom de ton syndrome de l'imposteur. Si tu es adepte de séries policières, comme *Maigret* ou *Les Experts*, tu sais qu'il y a un tournant de l'épisode une fois que ces deux éléments sont obtenus. Donc, encore une fois, tu peux te féliciter ! Tu vas pouvoir utiliser en même temps deux tactiques : l'affaiblissement de ton syndrome de l'imposteur et le renforcement de ta voix intérieure.

AFFAIBLIR TON SYNDROME DE L'IMPOSTEUR AVEC KONMARI

Tu as sûrement déjà entendu parler de la méthode KonMari. Créée par la reine du rangement, Marie Kondō, c'est une technique pour ranger, mais aussi et surtout trier ta maison pour maximiser ton bonheur. Je te recommande son livre[9] plutôt que la série Netflix si tu veux en savoir plus, la seconde étant bourrée de sexisme et de micro-agressions envers les femmes.

9. Marie Kondo, *La Magie du rangement*, traduit du japonais par Christophe Billon, First, 2011.

Ici, je me permets de détourner la méthode en l'appliquant à ton cerveau. Promis, ça ne va pas (vraiment) faire mal ! Un des principes de base de la méthode est de remercier sa maison. Je t'ai déjà demandé par deux fois de te remercier dans les pages précédentes ; je te demande à nouveau d'**éprouver de la gratitude envers toi-même**, parce que tu fais de ton mieux dans un monde sexiste et que tu t'en sors déjà bien, j'en suis sûre. Ne triche pas, prends le temps de le faire, c'est très important d'être fière de soi ou, au moins, de se remercier.

Le deuxième élément clé de la méthode KonMari, c'est de prendre chaque objet et d'essayer de voir si tu ressens de la joie avec. Nous allons **trier tes pensées** de la même manière. Ça tombe bien, tu as déjà commencé à être attentive à ton dialogue intérieur. Tu peux reprendre tes notes et poursuivre cette observation. Il peut y avoir plusieurs types de pensées dans ton dialogue interne :

- les pensées heureuses : tu te félicites, tu es fière de toi, tu te sens à ta place, etc. ;
- les pensées accusatrices où tu t'accables, voire tu t'insultes ;
- les pensées-regrets où tu ressasses une erreur, un échec ;
- les pensées tristes implantées par les autres.

Évidemment, tu gardes la catégorie n° 1, comme tu garderais les photos de ton mariage ou ton pull préféré selon la méthode KonMari. La prochaine partie du livre visera même à leur donner de l'ampleur, car elles viennent de ta vraie voix.

La deuxième catégorie est clairement inacceptable : tu n'as pas le droit de te maltraiter ainsi. Je te le dis fermement, mais sans aucune antipathie. Beaucoup de gens s'accablent comme ça, mais ce n'est pas normal. Tu ne peux pas te parler moins bien que tu parlerais à une amie. Dans cette catégorie, il y a plein de petites phrases du quotidien que j'entends les femmes dire : « Je suis trop nulle », « je suis vraiment la plus maladroite », « ce n'est pas possible d'être aussi bête »... Point malus si tu te le dis même à haute voix ! Encore une fois, pose-toi la question : le dirais-tu à une amie ou une sœur ? Si la réponse est « non », alors c'est normal que tu ne te le dises pas non plus ! Ces phrases-là, tu peux tout de suite les mettre à la poubelle. À chaque fois qu'elles reviendront à ton esprit, essaye à nouveau de les passer au **filtre de l'amitié** : si ça ne se dit pas à son amie, ça ne se dit pas à soi-même !

La troisième catégorie est plus subtile, car elle a l'air ancrée dans les faits. Ce sont des pensées qui se présentent comme des Claire Chazal de ton cerveau : un bulletin de *news* anxiogène qui s'enclenche dès qu'un seuil d'erreurs est dépassé, voire à la moindre erreur. Tu as l'impression que ce n'est pas de la maltraitance, parce que ce ne sont que des faits ; tu souffres parce que l'effet d'accumulation montre bien que tout est ta faute et que tu es bien un imposteur. Sauf que c'est faux ! Dans ces moments-là, ton syndrome de l'imposteur fait ce que les chaînes d'info en continu font tout le temps : il est parti chercher tous les faits spécifiques à une rubrique et les a agglomérés ensemble pour créer un argumentaire, sans donner la parole à la partie adverse. Il y a sûrement autant de faits qui prouveraient le contraire ! Il y a sûrement autant d'anecdotes dans ta vie qui montrent que tu es capable de faire cette chose. De plus, ton saboteur utilise contre toi une autre méthode fallacieuse : il va agglomérer des faits qui n'ont rien à voir les uns avec les autres. C'est ainsi que tu passes de penser que tu n'es capable de rien au bureau parce que tu as eu une mauvaise journée, à ruminer toute la soirée pour finir par penser que tu es une mauvaise mère, une mauvaise fille, une mauvaise compagne... C'est le même procédé douteux que certains polémistes utilisent pour passer du chômage à l'immigration, puis à l'islam.

Oui, ces différents dossiers auxquels tu penses dans ces moments-là sont des faits, mais des faits subjectifs. Avec une analyse à froid, tu verrais peut-être que tu n'as pas tant à te blâmer que ça, et que ton saboteur cache soigneusement les éléments de contexte, ces mêmes éléments qu'il met en avant quand il s'agit d'une réussite. Ce sont des faits, mais ils sont prescrits pour la plupart et ils n'ont rien à faire dans ton cerveau maintenant. Alors, voilà ce que je te propose de faire (p. 143) :

- note ces différents *cold cases* sur une feuille de papier quand ils ressurgissent dans tes moments de faiblesse et sont lâchement utilisés par ton syndrome de l'imposteur ;
- une fois que ça va mieux, au calme, plusieurs jours plus tard si nécessaire, observe-les et décide qu'ils devraient être des affaires classées, ou bien décide d'agir dessus.

La poupée que tu as volée à ta cousine il y a vingt ans, c'est probablement une affaire classée. L'amie que tu as blessée il y a trois ans par une remarque maladroite, sûrement aussi. Si ce n'est pas le cas pour toi, alors il est temps d'en parler avec ta cousine et ton amie. C'est pareil pour ce collègue qui passe son temps à faire des réflexions sexistes : si ça te reste en tête, alors il est temps d'agir au lieu de te blâmer.

- Pour ce qui relève de la pile des affaires classées, il va falloir **te pardonner**. Tu peux choisir de rendre ça très formel, en t'écrivant une lettre et **en plaidant pour ta cause** dans la lettre. Pourquoi le juge impartial, ta vraie voix, devrait-elle classer le dossier ? Même les criminels bénéficient de remise de peine pour bonne conduite, de sortie de prison anticipée, de grâce présidentielle ou de prescription des faits. Tu te dois de t'accorder cette même clémence.

- Pour ce qui relève des *cold cases* pour lesquels tu veux ouvrir l'enquête, alors fonce, agent Scully ! Si tu dois **faire le point avec une autre personne**, appelle-la ou écris-lui. S'il s'agit d'une erreur ou d'un tort que tu t'es fait à toi-même, il est temps d'en tirer une leçon pour l'avenir, puis de **te pardonner pour le passé**. Ne laisse pas le champ libre à ton syndrome de l'imposteur.

Le dernier cas de figure relève des mauvaises phrases que tu t'assènes mais qui, dans le fond, ne sont pas pleinement de ta création : tu as entendu des personnes te faire ces remarques, et ton saboteur les a intégrées. Ce sont des réflexions sur lesquelles tu devrais presque reverser des droits d'auteur, étant donné que tu n'y aurais jamais pensé par toi-même. Dans ces cas-là, le tri, il va falloir aussi potentiellement le faire dans cet **entourage toxique**. Prenons l'exemple le plus simple, celui d'un collègue ou d'un lieu de travail toxique. Aucune fleur ne peut vraiment s'épanouir dans un marécage puant. Si ton lieu de travail est toxique, si tu n'y reçois aucune forme de reconnaissance, si ton manager s'assure que tu es toujours mal à l'aise au lieu du contraire, si tu as peur de cet endroit ou de ces personnes, tu te dois de partir. C'est même potentiellement une situation d'urgence que tu dois envisager de quitter par la première porte de secours disponible, sans attendre de trouver le remplacement parfait. Aucun travail, aucun manager n'est assez important pour mériter d'avoir un impact durable sur ta santé mentale.

Évidemment, c'est aussi vrai dans ta vie privée, même si c'est plus difficile de s'y attaquer. Je vais te donner à nouveau un exemple qui m'est personnel, mais pas dans le sens auquel tu t'attends. Il y a quelques années, tout envahie que j'étais de mon syndrome de l'imposteur et par la peur d'échouer, je tourmentais à chaque conversation une amie avec des conseils empoisonnés de condescendance. Cette amie, que je mettais fondamentalement mal à l'aise et qui mettait des jours à se remettre de mes mauvais agissements, a compris qu'il fallait arrêter de me voir pour ne pas continuer à donner du carburant à son syndrome de l'imposteur. Tout ça, je ne le savais pas à l'époque, mais je ne m'en suis pas préoccupée non plus. Finalement, j'ai repris contact des années plus tard. Elle a hésité à me voir, mais à notre première sortie, elle s'est rendu compte que j'étais changée et beaucoup plus aimable (Dieu soit loué !). Elle a trouvé le courage de me dire ce qu'elle pensait de mes anciennes habitudes, pour que ça ne revienne plus sur la table, et nous sommes à nouveau amies. Je te remercie d'ailleurs, K., pour cette deuxième chance !

RENFORCER TA VRAIE VOIX INTÉRIEURE

En plus de lutter contre ton saboteur, tu peux renforcer ta vraie voix intérieure. Je te recommande de mener les deux actions de front pour plus d'efficacité, et puis, tu verras, cette partie est une méthode qui devient vite agréable à pratiquer, une fois les premières courbatures passées.

La toute première étape, c'est de **faire la liste de tes succès et de tes accomplissements** (p. 143). Ça te paraît bête, une telle liste ? Laisse-moi t'expliquer pourquoi ça ne l'est pas. Ton cerveau est programmé par l'évolution pour mieux retenir les échecs que les réussites. C'est une histoire de survie : se rappeler les endroits où l'eau est trop haute pour traverser, l'endroit où les crocodiles risquent de t'attaquer, c'est primordial et plus important que de te souvenir de ton dernier buffet à volonté.

Le problème, c'est que c'est un système un peu hypersensible : parfois, tu vas te souvenir très fort de la dernière fois que ton chef t'a dit que ton PowerPoint n'était pas très beau, plutôt que de te souvenir de la fois où ton responsable était épaté par ta gestion du dossier.

Avec la liste des réussites, tu vas pouvoir recalibrer un peu les capteurs pour focaliser ton cerveau sur ce qui marche plutôt que sur ce qui ne marche pas. Sache qu'en plus, **le cerveau retient mieux ce qui est souvent ressassé**. Et puis, c'est important de rendre tes réussites plus visuelles, aussi pour les moments où ton syndrome de l'imposteur est tenté de te faire croire que tu n'arrives jamais à rien. **En relisant souvent ta liste et en la visualisant** à chaque fois que tu sens ton syndrome de l'imposteur pointer le bout de son nez, elle agira comme un bouclier contre les arguments de mauvaise foi de ce dernier.

Peut-être que tu as peur avant de commencer cet exercice ? Je t'assure qu'il y a des réussites à écrire. Personne n'a une liste vide, aucune des femmes que j'ai coachées n'ont jamais eu aucun succès à écrire. Tout le monde a réussi de multiples fois dans sa vie. Tu n'en as pas le souvenir vif et c'est justement ça que cet exercice vise à corriger. Alors, lance un *timer* de 30 minutes sur ton téléphone et commence à réfléchir à ta situation actuelle pour trouver des réussites.

Voici quelques exemples qui me sont personnels :

- je possède mon appartement dans un très beau quartier qui me plaît ;
- je suis cheffe d'entreprise alors que je n'ai jamais envisagé ça comme une possibilité ;
- j'ai très bien décoré mon appartement, même si ça ne me paraissait pas facile initialement ;

- j'ai commencé à investir mon argent en bourse pour me préparer un complément de retraite ;
- j'ai fait une excellente mousse chocolat-passion pour le nouvel an ;
- j'ai écrit 1000 mots par jour de ce livre pendant ces quatre derniers jours de rédaction ;
- j'ai fini la lecture d'un bon livre aujourd'hui.

Comme tu le vois, les réussites peuvent être des éléments énormes, **des réussites fondatrices** comme avoir son permis (que je n'ai pas, d'ailleurs) ou posséder sa maison. Mais elles peuvent aussi être **des victoires plus petites**, comme avoir tenu une promesse qu'on s'était faite, ou des choses **plus diffuses**, comme avoir survécu à un événement sans trop de dommages. C'est pour ça que je suis certaine que tu as une liste très longue à écrire : parce que je sais que tu as surmonté des difficultés, que tu as atteint des objectifs et que tu as dépassé des épreuves...

Si tu as encore un peu de mal à te lancer, voici une dernière astuce pour te guider : **place-toi dans la peau d'une amie**. Que dirait-elle de toi ? Comment te présenterait-elle ? Je ne pense pas un seul instant qu'elle n'aurait rien à dire de positif !

Une fois les 30 minutes passées, regarde ta liste. Alors, fière de toi ? Tu as le droit d'éprouver de la fierté, ce n'est pas un péché, promis ! Cette liste, tu vas non seulement la garder à portée de main pour **la relire régulièrement** mais, surtout, tu vas **la compléter**. Je veux que tu viennes y ajouter tous les jours un petit succès ou un plus gros, si tu veux. Tu peux aussi l'embellir : une de mes coachées graphiste a fait quelque chose de magnifique de la sienne. Après tout, ce sont tes Champs-Élysées, ton parcours du triomphe, ton tableau d'honneur, ils méritent d'être aussi beaux que tu le souhaites !

J'ai un dernier conseil pour soutenir aussi ta vraie voix intérieure : **fête tes réussites**. Quand était-ce, la dernière fois que tu as sincèrement célébré une réussite ? Quand tu as obtenu ton diplôme ? Ton permis ? Ou peut-être que tu ne t'en souviens même plus ? Notre cerveau est friand de récompenses : si tu veux marquer le coup pour garder la force de tes victoires, alors tu dois les fêter. Ça ne veut pas dire faire une fête pour 50 personnes à chaque fois, mais prendre le temps de remarquer ton succès et de l'apprécier à ta manière, c'est important avant de te jeter à nouveau dans la bataille. Tu peux par exemple **t'offrir cet objet que tu n'oses pas t'acheter**, ou un petit porte-bonheur que tu garderas toujours avec toi. Certaines de mes coachées se sont offert un porte-clé qu'elles gardent en main à chaque fois qu'elles veulent se rappeler qu'elles ont le pouvoir de réussir. D'autres se sont offert un tatouage. Je possède, pour ma part, une armée de coussins dans mon appartement, représentant chacun une vente conclue au cours de mes deux premières années en tant que commerciale. À chaque fois que quelqu'un me fait remarquer que je ne manque pas de coussins, je me rappelle ce qu'ils représentent et souris. J'ai aussi acheté une paire d'escarpins Yves Saint Laurent quand j'ai négocié mon salaire pour la première fois. Ils sont très chers, très beaux et sont devenus mes « PowHER chaussures », que je porte quand je dois parler à une conférence.

LE MYTHE DE L'ÉDUCATION À LA DURE

Peut-être que depuis le début de ce chapitre, tu te dis que je suis trop laxiste, que je te passe trop de choses et que, si tu appliques ces conseils et que tu te traites positivement, tu vas devenir paresseuse, méchante, arrogante. Peut-être que tu t'es même dit que j'étais moi-même arrogante d'étaler mes réussites dans les paragraphes précédents, et que je devais être une bien horrible personne à cause de la montagne de bienveillance que je m'accordais.

Je comprends que tu imagines ça, je l'ai longtemps cru moi-même. Je me suis dit pendant longtemps que sans mon syndrome de l'imposteur qui me fouettait, sans mon éducation à la dure envers moi-même, je ne deviendrais jamais une meilleure personne et je ne réussirais jamais. En gros, je croyais que si je me lâchais la grappe un instant, je deviendrais une enfant pourrie gâtée. C'est fou comme je pouvais me tromper !

Vivre en Suède a contribué à me faire comprendre pourquoi. Ici, les enfants reçoivent tous une éducation bienveillante. Ça veut dire que les parents et les personnels encadrant les traitent comme les adultes, les écoutent sincèrement et leur donnent voix au chapitre pour plein de décisions qui les concernent ou qui concernent la famille et l'école. Au début, en arrivant de France, quand je voyais ça, je me disais que les gens étaient fous de fonctionner ainsi. Je ne voyais que les « caprices » dans les rangs du supermarché, les montagnes de jouets dans les écoles primaires, et je me disais que ça ferait sûrement une société de gens très malheureux et très pénibles. Mais contre toute attente, ce n'était pas le cas ! Au quotidien, au travail et avec tous les adultes avec lesquels j'interagissais, je me trouvais face à des personnes responsables, compréhensives, à la recherche du compromis entre leur avis et celui des autres. Des gens qui négociaient les uns avec les autres pour que la vie en société convienne au mieux à tout le monde et qui s'accommodaient des petits détails qui ne leur convenaient pas vraiment. En somme, un endroit où tout le monde se respectait.

Ça me paraissait dingue ! Comment des sales gosses pouvaient-ils devenir des adultes raisonnables ? Quel genre de tour de magie s'opérait dans la nuit de leurs 30 ans ? En réalité, il n'y a pas de tour de magie : c'est parce que ces enfants grandissent en pouvant exprimer leur personnalité, en apprenant au quotidien le compromis – ce qui est différent de la domination –, qu'ils deviennent des adultes tempérés. J'ai compris que c'était en laissant ma personnalité s'exprimer avec bienveillance que je pouvais en modeler les côtés moins réjouissants et devenir une meilleure personne, pas en me molestant. Me brimer ne m'amenait qu'à l'explosion une fois de temps en temps, justement plutôt comme un caprice. Alors que m'accepter avec bienveillance me permettait d'être simplement moi-même, à mon écoute et à celles des autres.

☑ **Écrire la liste de tes réussites, trier les vieux dossiers de ta tête et nommer ton syndrome de l'imposteur pour le dissocier de toi vont te permettre de te connaître toi-même, de t'apprécier et d'être plus heureuse, pas l'inverse.**

Chapitre 2

« ET SI JE N'Y ARRIVAIS PAS ? »

À sa troisième séance de coaching, C. m'avoue ce qui l'empêche vraiment d'avancer : elle a peur de prendre la mauvaise décision. Et comme il est rigoureusement impossible pour elle d'être sûre de la bonne voie, la voilà qui tergiverse depuis des semaines, torturée par cette hésitation mais incapable de la dépasser. C. a juste terriblement **peur de l'échec**, elle a plus peur de l'échec qu'elle ne souffre de sa situation actuelle, alors elle ne parvient pas à trancher.

Il est naturel d'avoir une aversion pour l'échec. Qui aime tomber par terre, se planter ou se taper la honte ? Qui apprécie avoir tort et devoir l'admettre ? Rigoureusement personne, même pas une nonne bouddhiste, je t'assure. Personne n'a jamais vu l'équipe perdante de la finale de la Coupe du monde de football lancer une ola dans le stade. Elle est plutôt par terre à pleurer, déçue de sa contre-performance. Il est donc normal d'être dans une posture d'évitement par rapport à l'échec. Encore une fois, notre cerveau, qui ne veut que notre bien, nous évite ainsi un désagrément.

Le problème, c'est quand cette peur vient te paralyser, quand tu développes une phobie de l'échec. C'est le même mécanisme d'exagération que pour d'autres phobies. Pour ma part, je suis pyrophobe, j'ai donc la phobie du feu. Ça veut dire qu'au-delà des précautions normales, qui sont prises par chacun par rapport au danger qu'est le feu, moi, j'en suis à utiliser des allumettes de 25 cm pour allumer mes bougies. En fait, la peur en devient si disproportionnée qu'elle est une force qui nous contrôle.

POURQUOI ÇA DEVIENT UNE PHOBIE ?

Il y a deux cas de figures distincts qui expliquent que tu puisses être prise d'une phobie de l'échec. Dans le premier cas, **tu n'as jamais vécu le moindre échec**. Tu as toujours tout réussi, tu as toujours fait des choix très sûrs et bien réfléchis dans ta vie. Tu n'as vécu aucune désillusion majeure, tout s'est parfaitement passé jusqu'à maintenant. Tu n'as donc aucune idée de ce que l'échec peut être ou te faire ressentir. Alors, tu t'appuies sur une notion que tu as peut-être reçue dans ton éducation ou en observant autour de toi. Et maintenant, l'échec est devenu cet immense monstre caché sous le lit. Tu as peur à tout moment qu'il te saute dessus et, pourtant, tu ne regarderas pas sous le lit pour voir à quoi il ressemble. À chacune de tes réussites, paradoxalement, sa menace gonfle dans ton cerveau, comme si le moindre échec briserait toute la magie de ta réussite et que tu faisais tapis à chaque fois que tu prenais une décision.

Dans le deuxième cas de figure, **tu as connu un gros échec** ou, en tout cas, un échec que tu perçois comme étant substantiel. Cet échec est peut-être arrivé tôt dans ta vie ou il t'a beaucoup coûté en temps, en santé mentale, en estime de toi... L'expérience a été si traumatisante que tu n'en es pas complètement remise et, surtout, que tu ferais n'importe quoi pour éviter que ça se reproduise à nouveau.

Dans les deux cas, les femmes sont à nouveau surreprésentées, et ce n'est toujours pas dû à la génétique, mais culturel. En effet, dans notre enfance, en tant que petites filles, la société nous incite beaucoup à « **faire attention** ». Souvent, la phrase n'est même pas complète et on ne sait pas à quoi on est censées prêter attention, ni ce qu'on doit éviter. En grandissant, on continue à recevoir des injonctions floues, qui menacent toujours de dangers tapis dans l'ombre. C'est comme ça qu'on nous dit de faire attention à ne pas rentrer après la tombée de la nuit, parce que des rodeurs pourraient nous faire du mal. Ou qu'on nous dit de faire attention à notre verre en soirée, pour que personne ne mette rien dedans, ou même de faire attention à ne pas passer pour tel ou tel genre de personne… Bref, c'est flou, il y a des dangers à tous les coins de rue, l'échec semble coûter infiniment cher, et les petites filles apprennent à être prudentes envers à peu près tout.

À l'opposé, les hommes grandissent dans une société qui les invite davantage à expérimenter. Aux petits garçons qui tombent, on dit que c'est le métier qui rentre. Quand ils grandissent, la rue est leur terrain de jeu, que ce soit avec un ballon ou à vélo, on panse les plaies qu'ils se font tout en disant avec sourire que ce sont des petits casse-cous et des canailles. Bref, pas de mise en garde permanente et une expérience jeune de l'échec, de la gamelle : l'échec devient quasiment un ami, à ce rythme-là.

C'est ainsi que, même si le risque d'être agressé par un inconnu dans la rue pour un jeune homme est plus important que le risque d'être violée par un inconnu dans la rue pour une jeune femme, on continue à culpabiliser les femmes et à attaquer leur confiance (entre autres problèmes, qui ne sont pas l'objet de ce livre mais qui sont largement documentés par ailleurs) dès qu'elles sont victimes d'un danger extérieur.

LE VRAI COÛT DE LA PHOBIE DE L'ÉCHEC

Michael Jordan disait dans une citation devenue légendaire : « J'ai raté neuf mille tirs dans ma carrière. J'ai perdu presque trois cents matchs. Vingt-six fois, on m'a fait confiance pour prendre le tir de la victoire, et j'ai raté. J'ai échoué encore, et encore, et encore dans ma vie. Et c'est pourquoi j'ai réussi. »

Il n'abuserait pas un peu, Michael, avec ses jolies phrases ?! Pour ma part, je ne pense pas du tout. En premier lieu, sa citation met parfaitement en lumière un des coûts de la phobie de l'échec : **si l'on a tellement peur qu'on ne tente rien, on manque des opportunités**. À vouloir éviter à tout prix d'échouer, l'on s'empêche surtout d'avoir une chance de réussir de grandes choses. Car l'échec n'est jamais garanti, même quand il nous paraît très probable. Dans le lot, on rate forcément de grands moments, peut-être même fondateurs de nos futures réussites.

Les mots de Michael Jordan nous montrent aussi que **l'échec n'est pas une maladie chronique**. Ce n'est pas parce que tu as échoué aujourd'hui que tout le reste de ta vie va être naze et que tu vas être rejetée partout. Ce n'est pas parce que Jordan rate le tir de la victoire aujourd'hui, faisant perdre son équipe, qu'il le ratera demain. Ces événements sont relativement indépendants l'un de l'autre. Et ce n'est pas parce qu'il a raté le tir de la victoire 26 fois qu'il est devenu nul. Bien au contraire, il est clairement devenu l'un de plus grands joueurs de l'histoire de son sport. Probablement parce qu'il a toujours osé et n'avait pas peur d'échouer.

En dernier lieu, **avoir peur de l'échec nous empêche de prendre confiance en nous**. C'est un cercle vicieux : nous avons peur de nous tromper, nous évitons donc tout choix, toute tentative hasardeuse et continuons à faire ça, évitant soigneusement de découvrir l'immensité de nos capacités. Notre zone de confort ne grandit pas, voire va en se rétrécissant. Au bout du compte, l'échec devient une prophétie autoréalisatrice : nous échouons à oser, à vivre notre vie comme nous le souhaitons.

À l'inverse, si nous osons, nous pouvons réussir et nous rendre compte que nous sommes capables de beaucoup de choses. Notre zone de confort s'étend et, de proche en proche, nous accomplissons de plus en plus de choses. Et comme nous réussissons plus souvent que nous n'échouons, nous prenons conscience du fait que l'échec n'est pas dramatique, mais une étape vers le succès.

UNE NOUVELLE PERCEPTION DE L'ÉCHEC

Quand je jouais au théâtre, j'avais parfois le trac et peur de monter sur scène. Mon metteur en scène m'avait donné une astuce que je trouve tellement formidable qu'elle m'accompagne à toutes mes prises de parole : je me dis que je ne suis pas stressée de monter sur scène, mais excitée. Que si mon cœur bat fort et que j'ai les mains moites, c'est parce que j'ai très hâte. Comme les deux sentiments ont tendance à produire les mêmes réactions physiques et ne sont dans le fond que les deux côtés d'une même pièce, ça marche incroyablement bien. Je sens vraiment mon énergie changer et, comme par magie, j'ai vraiment envie d'aller sur scène au lieu d'en avoir peur.

Dans le cas de la peur de l'échec, nous pouvons faire un **changement de perspective similaire**. J'emprunte ce changement à nos amis américains, qui n'ont pas raison sur tout, loin de là, mais tiennent quelque chose avec leur compréhension de l'échec. Aux États-Unis, l'échec est bien plus valorisé qu'en Europe. Par exemple, il n'est pas rare que ce soit une question en entretien d'embauche. Parfois même, on choisit un candidat parce qu'il a osé créer une entreprise dans le passé qui n'a pas fonctionné. Il y a même des conférences dédiées à l'échec. Ce sont des présentations assez drôles, où les gens racontent dans les détails et de façon désopilante leurs plus gros échecs. Ainsi, il ne peut pas y avoir de honte, parce que, d'une part, c'est du passé, et d'autre part parce qu'on rit en sympathie avec la personne qui raconte, et qui a clairement digéré son échec.

Alors, comment pouvons-nous envisager l'échec différemment et plus positivement ? En revenant à la source. Quand un enfant essaye de se lever pour la première fois, il retombe un nombre incalculable de fois sur ses fesses avant de tenir debout. Parfois même, il ne retombe pas bien et se fait mal. Mais il continue à essayer de se lever. À cet âge-là, il n'a clairement pas encore intériorisé le concept de peur de l'échec. Adulte, nous pouvons revenir à cette notion : **l'échec est juste une étape sur la voie du succès**.

Au-delà du fait qu'il s'agit d'une étape, **l'échec nous corrige**. Il nous permet de comprendre comment mieux faire la prochaine fois. À chaque échec, c'est une nouvelle leçon qui nous est offerte. Tu as le droit de ne pas le voir immédiatement comme tel et de te sentir d'abord déçue ou triste. Mais une fois l'émotion passée, il y a forcément quelque chose à comprendre et une potentielle correction à apporter à ton plan. Dans le fond, il y a rarement de réussites géniales sans quelques échecs avant, parce que personne n'a jamais rien entrepris de grand sans se planter au moins une fois ou deux et avoir fait quelques brouillons.

J'ajouterais deux derniers éléments, qui sont souvent des mythes bien internalisés à propos de l'échec. Tout d'abord, **l'échec n'est pas moral** : tu n'es pas une personne bien parce que tu as réussi, et inversement. Celles qui échouent ne sont pas des nulles qui ne savent pas s'y prendre, des ratées ou des *losers*. Je pourrais citer beaucoup de personnes qui ont réussi avec une morale pour le moins douteuse. La réussite n'est pas une récompense offerte par le destin parce qu'on a été une *good girl* ! De même, **l'échec est un événement, pas un trait de personnalité**. Plus tôt, tu n'as pas lu l'histoire de Michael Jordan en te disant : « Wow, c'est vraiment un gros nul et un sale type ! » Je peux même ajouter d'autres exemples au sien : Oprah Winfrey a été virée de son premier travail de présentatrice parce qu'elle manquait de charisme, et Antoine Griezmann rejeté de tous les centres de formation parce qu'il était trop petit et trop fragile !

Le second mythe, c'est de penser qu'on échoue toujours par sa faute. L'inverse n'est pas vrai non plus : nos échecs ne sont jamais à 100 % produits par des événements extérieurs. C'est un mix des deux qui s'opère : nous échouons parce que nous avons fait une erreur dans des circonstances qui ne l'ont pas compensée, mais plutôt amplifiée. Ton syndrome de l'imposteur te dira sûrement le contraire, que tu ne peux jamais t'attribuer pleinement les fruits de tes succès, mais que tes échecs sont entièrement de ta responsabilité. Fais-moi plaisir, demande-lui à nouveau de se taire plutôt que de raconter des bêtises. Admettons que ce livre ne se vende qu'à deux exemplaires, parce que seuls ma sœur et son chat l'auront acheté : j'aurais fait une erreur, sûrement, dans la façon de le présenter, certains chapitres auront été mal écrits, mais il se peut aussi que la période de parution soit mal tombée, par exemple. Demande confirmation à toutes celles qui ont sorti des livres ou des films pendant le premier confinement ! Mais en aucun cas ça ne voudra dire que je ne dois plus jamais écrire un livre ou que je suis une mauvaise personne.

VIENS, ON REGARDE L'ÉCHEC EN FACE

Et si je te tenais la main pour regarder le monstre sous le lit ? Si on allait ensemble y voir de plus près et se rendre compte que c'est juste une vieille décoration de Noël qui dépasse d'une boîte à chaussure ? C'est le premier exercice que je te propose ici : **regarder l'échec en face**. Ne t'inquiète pas, pour l'instant, on laisse une vitre sans tain entre toi et lui, pour procéder étape par étape.

Pense à quelque chose que tu aimerais faire, mais qui se trouve de l'autre côté de la peur de l'échec. Peut-être qu'il s'agit de quelque chose de gros, comme plaquer ton travail pour faire le tour du monde pendant un an, ou de quelque chose de plus petit, comme oser demander à ton collègue de devenir ton mentor. Maintenant que tu visualises ce projet un peu fou ou carrément effrayant, essaye d'**écrire le scénario du pire** (p. 144). Vu que la peur de l'échec est là, autant la laisser parler jusqu'à ce qu'elle n'ait plus rien à dire. Est-ce que tu risques de perdre la vie dans ton projet ? La probabilité de mourir est clairement négligeable pour les deux projets que j'ai mentionnés précédemment, mais elle devient possible si tu veux participer au Vendée Globe, par exemple. Est-ce que tu risques, dans le pire des scénarios, de perdre ta maison ou toutes tes possessions de valeur et d'être ruinée ? Pour l'instant, le projet est artificiel, il est seulement dans ta tête, tu n'encoures donc aucun de ces risques. Tu n'es pas du tout obligée d'aller au bout et de le faire. Pour le moment, tu regardes simplement le scénario le plus catastrophique possible, sans jugement et sans risque. Encore une fois, tu laisses simplement la peur s'exprimer à haute voix et pleinement, au lieu de l'entendre marmonner. Tu donnes la parole à l'avocat de la défense.

Une fois que cette étape est passée, il est temps de laisser la parole au procureur. C'est le moment d'**écrire tout ce qui pourrait t'arriver de bien** si le projet réussissait. Par exemple, tu pourrais devenir connue, ou extrêmement heureuse, vivre des expériences inoubliables ou être très fière de toi. Il peut aussi s'agir de conséquences matérielles, comme avoir un meilleur poste avec un plus haut salaire, ou personnelles, comme devenir ta propre patronne et donc avoir ta pleine liberté... Qu'est-ce qui pourrait t'arriver de mieux ? Je n'ai qu'une seule requête pour toi, pousser les potentiomètres autant que tu l'as fais pour le scénario du pire. Il faut que tu sois une juge juste : si tu as laissé la peur de l'échec s'exprimer pleinement, alors le succès a le droit au même micro et au même temps de parole.

Ce que tu viens de faire, c'est **construire la balance risque-bénéfice de ton projet**. C'est une méthode que tu as peut-être rencontrée dans le monde de l'entreprise et avec laquelle tu es familière sans avoir pensé à te l'appliquer. Cette méthode aide aux prises de décisions importantes, par exemple par rapport à un investissement ou une fusion-acquisition. Mais elle peut aussi te sortir de la peur de l'échec, ou juste d'une hésitation qui semble incurable.

Avant de prendre ta décision, il y a encore deux petites étapes. La première, c'est de donner la parole à la partie civile. La partie civile, c'est **ton cœur et ton intuition**. Au fond de toi, pourquoi souhaites-tu faire ce projet ? **Qu'est-ce qui t'attire ou t'exalte**, toi personnellement, dans cette idée ? Pas de jugement de valeur : en tant que juge, tu dois être bienveillante avec les parties civiles. Et puis, permets-moi de te livrer un petit secret : il n'y a aucun projet digne d'être vécu qui ne fait pas au moins un tout petit peu peur en commençant.

La seconde étape, c'est de **regarder à quel point tes scénarios sont réalistes**. Je te rappelle qu'on a laissé la peur parler autant qu'elle le voulait, ce qui veut dire que, si tu as fait l'exercice à fond, elle a pu dire des choses complètement délirantes ou particulièrement incohérentes. C'est le moment : en bonne juge, relis la déposition et repère ses exagérations et ses incohérences. Quelle est la probabilité que chaque événement se déroule ainsi ?

Une fois ce dosage fait, tu devrais être prête à prendre ta décision par rapport à ce projet. Il est tout à fait possible que tu réalises ceci avant de rendre ton verdict :

- ta peur de l'échec n'a finalement pas tant à dire que ça et tourne beaucoup en rond sur les mêmes possibilités ;
- il est assez peu probable que ton projet produise autre chose qu'une blessure d'ego, en tout cas, il n'y aura pas de pertes irréversibles et dramatiques ;
- ton intuition a vraiment très envie de foncer pour plein de raisons complètement valables, notamment que tu en aies vraiment envie ;
- la balance bénéfices-risques penche clairement du côté des bénéfices.

Admettons cependant que je me trompe et qu'en fait, il y ait des risques énormes à tenter ton projet. Tu as peur, par exemple, en démissionnant de ce métier que tu détestes, de ne pas trouver d'autre emploi et donc d'être incapable de payer tes factures et de finir sans domicile fixe. Regardons ensemble s'il n'y a pas un moyen de **se prémunir de ce risque**, plutôt que de jeter tout le projet. C'est le principe même d'une assurance. Les gens ne cessent pas de posséder une voiture parce qu'ils risquent le vol, ils prennent une assurance contre le vol. Faisons de même ici ! Dans l'exemple que j'ai cité précédemment, tu peux décider d'épargner pendant plusieurs mois, pour avoir de quoi payer le minimum vital pendant une période prédéterminée. Tu peux aussi demander une rupture conventionnelle lors de ta démission, pour t'assurer de toucher au moins les versements de l'assurance chômage. Quel **plan de contingence** peux-tu mettre en place pour faire face aux risques ?

ET MAINTENANT, SAUTE !

J'ai un peu menti, je vais maintenant te demander… d'**échouer**. J'aimerais que tu trouves un moyen d'échouer dans les prochains jours. Ça n'a pas besoin d'être quelque chose de gros ou d'important, ni que tu veux vraiment. Essaye de faire quelque chose avec de fortes chances de te planter. Et paradoxalement, si tu te plantes, c'est que tu auras réussi cet exercice (p. 145).

Peut-être que tu te demandes comment échouer sur commande. Tu peux choisir quelque chose que tu as toujours eu envie de faire, sans oser par peur de l'échec, ou prendre quelque chose de complètement arbitraire. Par exemple, un bon moyen d'échouer, c'est d'être rejetée, que quelqu'un refuse une de tes requêtes. À toi d'imaginer une requête impossible ou en tout cas assez extravagante pour qu'on te la refuse.

Je vais te faire une prédiction sur le résultat de cet exercice : il est fortement probable que la requête la plus extravagante à laquelle tu penses ne le soit pas assez pour qu'on te dise « non ». Tu vas faire une drôle de tête, quand tu vas te rendre compte que tu as échoué à cet exercice, parce qu'il est en fait moins probable d'échouer que ce que tu crois. **Bien plus de réussites que tu ne l'imagines te sont accessibles.** C'est ce qui est arrivé à Jia Jiang quand il a essayé de se faire rejeter pendant 100 jours ! De nombreuses fois, les gens l'ont volontiers aidé, l'ont soutenu, certains lui ont même fait une construction en donuts ! Tu peux suivre son parcours sur YouTube, mais aussi t'en inspirer pour choisir ton challenge d'échec.

☑ **Pour ne plus manquer d'opportunités par peur d'échouer, tu peux donc changer de perspective au sujet de l'échec : c'est une façon d'apprendre, de te corriger, d'avancer vers le succès, et ce n'est en aucun cas un événement qui détermine ta valeur. Avancer en dédramatisant les conséquences possibles d'un échec te permettra d'oser prendre des risques, et de réussir plus que tu ne l'imaginais !**

Chapitre 3

DE LA CONFIANCE EN INTRA-VEINEUSE !

CONNAIS-TOI TOI-MÊME !

Te connais-tu vraiment ? Quand on te demande de parler de toi, sais-tu par avance ce que tu vas dire ou trouves-tu ça difficile ? Peut-être même que tu ne sais pas parler de toi parce que personne ne pose jamais vraiment la question. La société sexiste demande rarement aux petites filles ou aux femmes de prendre la parole, encore moins pour parler d'elles. Il y a peu d'expertes à la télé : parler de ses réussites en tant que femme, c'est passer pour une arrogante et une arriviste. Quant à défendre ses droits, c'est souvent être taxée d'hystérique. Clairement, **les femmes ont rarement l'occasion de parler d'elles** et, entre l'incitation à se conformer à un stéréotype et la charge mentale qui occupe l'esprit, elles ont rarement l'occasion de faire la démarche de se connaître elles-mêmes.

C'est pourtant important, alors je n'ai pas prévu de te laisser sans guide pour aller à la rencontre de toi-même. Maintenant qu'on a passé du temps à déblayer ton syndrome de l'imposteur, qui n'est pas toi et qui devrait même avoir son propre nom à cette étape du processus, on peut explorer la vraie toi.

Je me suis personnellement longtemps trompée sur celle que j'étais. J'ai cru pendant des années que j'avais une nature paresseuse et que je devais me traiter durement, sans quoi je ne ferais absolument rien de mes journées. Il s'avère que c'est littéralement l'opposé qui est vrai : je dois me forcer, au moins une fois par an, à passer une semaine allongée sur une plage à ne rien faire d'autre que me demander dans quel restaurant je vais manger ou lire un roman détente. Ma méconnaissance de ma vraie nature m'a même menée à me fiancer à un jeune homme, très bien par certains aspects, mais dont je ne partageais pas du tout la vision de la vie. De ces fiançailles avortées, je retiens le soulagement de ne pas être allée au bout de mon erreur et l'effarement d'avoir pu autant me tromper sur ma vraie nature.

Alors je vais t'épargner, si je peux, la voie de la séparation compliquée et impliquant des conseillers financiers fiduciaires et te proposer tout de suite un exercice. J'aimerais que tu listes **tes qualités et tes défauts**, tels que tu les vois actuellement (p. 146). Admettons que tu en trouves cinq dans chaque colonne. Ne demande pas d'aide à ce stade, il faut que ça vienne de ton intuition. Si tu trouves plus de défauts que de qualités, demande à ton syndrome de l'imposteur, quel que soit son nom, de se taire quinze minutes, « il y en a qui travaillent sur eux-mêmes ici ! » (dit avec la voix d'une bibliothécaire excédée).

Une fois cet exercice fait, je vais te demander de t'armer de courage, car tu vas sûrement avoir peur de la prochaine étape, mais ça va très bien se passer. Choisis, dans tes proches, des personnes d'horizons divers, mais qui sont toutes bienveillantes et en qui tu as confiance : ta meilleure amie, ta sœur, une camarade de classe, une ex-collègue de travail, un ancien professeur... Écris un e-mail ou un message à ces personnes avec les questions suivantes (p. 146) :

- D'après toi, quelles sont mes qualités principales ?
- D'après toi, quels sont mes défauts principaux ?
- Qu'est-ce que tu m'imaginerais faire dans la vie si tu ne connaissais pas mon métier ?
- Pour quel genre de tâche t'offrirais-tu mes services, mes talents ?

N'hésite pas à préciser que c'est pour mieux te connaître, et que tu apprécies leur aide et leur honnêteté ! Ça aidera les gens à te répondre, parce qu'ils ont parfois encore plus peur de l'exercice que toi. Le but, c'est de te voir pour la première fois sincèrement *via* les yeux des autres. Peut-être que ça te semble paradoxal, étant donné que j'ai beaucoup insisté sur le fait qu'il était important que tu aies ta propre échelle de valeur interne et que tu te détaches du regard des autres. Ne t'inquiète pas, j'y viens bientôt. Mais, sur le chemin de ta confiance en toi et de la juste estime et acceptation de toi, je veux déjà te montrer que tu as des idées délétères sur ta personnalité. Je veux d'abord que tu te confrontes au fait que **tu te juges bien plus durement que les autres** ne te jugent.

Je sais que cet exercice suppose de se montrer vulnérable, c'est pour ça que je te demande de l'envoyer à des gens bienveillants qui se montreront honnêtes, mais n'essayeront pas d'en profiter pour faire du tir au pigeon. Tu mérites d'être respectée, d'autant plus que tu te montres vulnérable et courageuse.

Quand j'ai fait cet exercice il y a plusieurs années, je me suis rendu compte de plusieurs choses : d'abord, tout le monde tombait d'accord sur mes qualités. Et ce n'étaient pas des qualités bateau et interchangeables : mon entourage avait fait l'effort de réfléchir et de me faire des réponses construites avec des exemples pour illustrer. En revanche, tout le monde ne tombait pas d'accord sur les défauts. J'ai pu me rendre compte, même, que certains exprimaient des défauts que j'aurais pu moi-même leur attribuer. J'ai donc fait le tri dans les réponses de cette catégorie pour garder ce avec quoi j'étais d'accord et laisser de côté ce qui était injustifié. Ces réponses me servent depuis à faire face à la question fatidique des défauts en entretien d'embauche. J'explique même la genèse de la réponse : ça semble toujours épater les recruteurs.

Autre révélation dans mon cas : la paresse n'était citée par personne. Voilà des années que je pensais avoir une nature de franche flemmarde, et pourtant je n'étais perçue par personne comme une paresseuse. Au contraire, beaucoup de gens avaient listé « impatiente », que ce soit comme un défaut ou une qualité, et force est de constater que c'est vrai et que je le sais depuis longtemps. Par contre, j'ai mis du temps à me rendre compte que la paresse et l'impatience étaient quand même assez peu compatibles. Notre syndrome de l'imposteur n'est jamais à une contradiction près.

☑ **L'avis de tes proches bienveillants pourrait donc réellement t'aider à te voir d'un œil plus objectif, et à te débarrasser de tes idées fausses sur toi, malgré ce que ton saboteur te répète depuis des années !**

TU AS TROIS APPELS MANQUÉS DE TON INTUITION

Je suis une femme assez cartésienne. Je ne crois ni en la lithothérapie, ni en l'homéopathie, ni en l'astrologie. Je respecte cependant le fait que d'autres personnes aient des croyances différentes. Je suis du genre à lire des articles scientifiques sur le site internet de Cochrane[10] pour connaître les meilleurs traitements pour telle ou telle maladie, alors autant te dire que de ce point de vue, je peux même être vue comme particulièrement *boring*.

10. Une organisation à but non lucratif indépendante, dans laquelle 28 000 volontaires recensent des informations concernant la santé et la recherche médicale.

Pourtant, j'ai une croyance dont je peux te faire part ici : je crois en **le pouvoir de l'intuition**. Et pas uniquement en la tienne : je pense que chacune d'entre nous possède un pouvoir d'intuition fort. Ce que j'appelle intuition, c'est l'expression de ta voix intérieure, qui essaye de t'envoyer un message discret , qui n'est pas encore assez forte pour crier.

Ton intuition, c'est ce pressentiment que tu peux avoir vis-à-vis d'un collègue masculin, par exemple, quand la façon dont il te parle ou te touche te paraît douteuse sans que tu puisses clairement mettre des mots dessus. Ça peut être aussi, pendant une réunion avec un client, l'impression qu'il est ennuyé par quelque chose sans vraiment oser te le dire. Tu peux aussi avoir un appel de ton intuition pour te prévenir qu'une réorganisation se trame dans ton entreprise et qu'il y a peut-être un coup à jouer si tu l'oses.

L'intuition, ce n'est finalement pas si ésotérique que ça. Elle s'explique même scientifiquement, par des signaux faibles de notre cerveau qui reconnaît des situations ou des stimulis qu'on a déjà vécu précédemment. Par exemple, dans le cas d'un collègue harceleur, tu as peut-être déjà vu sur autrui ou vécu précédemment une situation similaire ou ressemblante. Ton cerveau a donc gardé en mémoire des gestes, des sons, des tons dans la voix comme *warning*, au cas où la situation se représenterait, pour les reconnaître tôt et t'en prémunir. L'intuition, le pressentiment que tu as, c'est ce message d'alerte.

Le problème, c'est qu'on passe notre vie à se méfier de notre intuition. J'ai souvent pu me dire, plus jeune, que si je ne pouvais pas clairement énoncer ce que je ressentais et le renforcer par quantité d'arguments cartésiens, alors ce n'était pas valable et je me faisais forcément des idées. Ça m'a malheureusement menée à des situations assez dramatiques, qui n'étaient absolument pas de ma faute, mais que j'aurais pu éviter avec une meilleure écoute de mon pressentiment.

D'ailleurs, as-tu déjà remarqué comme l'intuition est survalorisé chez les hommes, alors que c'est une bêtise quand ça vient de la bouche d'une femme ? Typiquement, si un homme d'affaire te dit qu'il n'a pas signé ce contrat parce qu'il ne le sentait pas, parce qu'il y avait sûrement une arnaque, ou si un patron t'explique comment l'acquisition de cette nouvelle entreprise lui est venue comme un coup de génie, une inspiration : tout cela, c'est de l'intuition ! Mais si une femme d'affaire dit qu'elle ne souhaite pas signer le contrat par intuition, ou qu'elle sent qu'il faut promouvoir plutôt tel collaborateur, elle ne sera pas prise au sérieux et sera obligée de se justifier au centuple. Ça montre bien que le problème ne réside pas dans l'intuition, mais dans le sexisme qui crée une exigence de justification autour des femmes, tient leur parole pour moindre par rapport à celles des hommes et estampille leur intuition aussi vite que possible avec l'étiquette de l'émotivité. **Un trait de personnalité qui est perçu différemment en fonction du genre, c'est la base du sexisme.** On ne va donc pas se priver de faire parler notre intuition.

J'aimerais donc que tu reconnectes avec cette intuition et que tu lui accordes ta confiance. Encore une fois, ce n'est qu'une matérialisation du catalogue de tes expériences passées *via* l'analyse de ton cerveau et avec ta vraie voix intérieure comme mégaphone. Elle mérite donc au moins d'être entendue, même si tu ne décides pas toujours en sa faveur. Vois-la plutôt comme une habile conseillère qui peut se tromper ; tu restes maîtresse de tes décisions et de leur impact. Mais tu dois au moins la laisser t'aiguiller, pour prendre la meilleure décision possible avec toutes les cartes en main.

« SUIS-JE UN MONSTRE ? »

Il n'y a pas une femme que j'ai coachée qui ne m'ait pas dit à un moment ou à un autre qu'elle n'était pas assez ceci ou qu'elle était trop cela. Bref, qu'elles se connaissent bien ou pas, les femmes ont toujours l'impression qu'elles doivent se changer pour convenir. Encore une fois, elles ont simplement internalisé le message qu'une femme, ça rentre dans le moule pour déranger le moins possible les désirs des autres personnes. Et tant pis pour nos propres désirs, notre personnalité : bref, tant pis pour nous !

Ce qui est encore plus frappant, c'est que, souvent, elles se reprochent tout et son contraire. H. se reprochait d'être trop dure au travail, de ne pas être assez à l'écoute de tous ses subordonnés, pendant que C. me disait être trop sensible et jamais assez ferme. *Spoiler* : dans les deux cas, le problème ne venait clairement pas d'elles, et elles n'étaient ni l'une ni l'autre dans l'excès.

Pour ma part, j'ai même eu l'impression d'être un monstre pendant des années. En effet, je suis HPI, haut potentiel intellectuel. Avec un langage moins barbare, ça veut dire que j'ai un QI au-dessus de la moyenne. Et au quotidien, ça veut surtout dire que mon cerveau ne fonctionne pas exactement comme celui de madame tout le monde, j'ai même une logique assez différente parfois. J'en ai pris conscience à 7 ans, avec une bonne dose de harcèlement à l'école. Pour être appréciée et ne plus être moquée ou isolée, j'ai décidé de faire semblant d'être comme les autres : j'ai commencé à moins participer en classe, à donner une réponse fausse alors que je connaissais la bonne réponse et à me faire plus discrète sur mon savoir et ma curiosité. D'un côté, ça a marché, je me suis fait de nouvelles copines. De l'autre, ça a été un bel échec, ma mère et ma maîtresse s'en sont rendu compte et m'ont demandé d'arrêter.

Ça n'a pas éteint mon désir d'entrer dans le moule pour autant. Plus tard, en sciences de l'ingénieur, je maudissais la nature qui m'avait fait naître fille. Si j'avais été un garçon, j'aurais été « normal » dans ma passion pour la mécanique. J'aurais pu regarder *Turbo* et lire les magazines auto. Les garçons me les auraient prêtés et j'aurais bricolé mon scooter avec eux, pour aller à Monaco voir les belles voitures circuler au pas. La vérité, c'est que je ne suis probablement pas « normale ». Je suis HPI, donc neuroatypique, et j'ai en effet des passions et centres d'intérêt que la société a bêtement décidé de réserver aux hommes, comme les voitures télécommandées ont été mises dans les pages bleues du catalogue de jouets, et comme les T-shirts de catch ne sont pas fabriqués en taille XS. Mais tout ceci est arbitraire et stupide. Ce n'est donc pas moi le problème. Je ne suis pas un monstre.

Et si on prenait le problème à l'inverse ? Si j'étais nécessaire par ma différence ? Et si, justement, je venais compléter l'image en apportant les éléments qui manquent ? De nombreuses études montrent que les groupes hétérogènes ont un taux de stress par individu plus bas que les groupes homogènes. Il en va de même pour les diversités de classe, d'ethnie…

Peut-être que ma différence fait de moi quelqu'un de rare, et ce qui est rare est aussi précieux. Et si j'étais en fait une licorne ? Au-delà du plaisir que je ressens à m'imaginer avec une belle crinière arc-en-ciel et une corne au milieu du front, l'image n'est pas complètement incohérente. Et toi ? Tu as l'impression de ne pas rentrer dans le moule pour une raison de classe, de genre ou autre ? Tu es différente de façon intrinsèque et rien ne pourra changer ça ? Mais pourquoi le changer ? Tu es rare, tu es unique, tu apportes une expérience différente au problème, un regard et un angle de vue introuvables. **Tu es donc précieuse**, comme un animal mythique (p. 147). Et en même temps, dans le fond, une licorne, c'est un cheval avec un petit plus. C'est-à-dire un animal qu'on reconnaît bien en tant que tel, même si on peut voir qu'il a un petit quelque chose de *funky*. De même, je suis sûre que tu as plein de points communs avec tes collègues, avec ton milieu professionnel. C'est ce qui n'est pas en commun, ce qui te différencie, qui te donne ta touche mythique. Comme une édition limitée dans un monde de grandes séries. Et ça, tu as de quoi en être vraiment fière, au lieu d'essayer de le changer de force.

« JE SUIS FORMIDABLE, JE SUIS FORMIDABLE, JE SUIS FORMIDABLE... »

Tu as peut-être déjà entendu parler de la méthode Coué, inventée par un pharmacien pour se donner confiance chaque jour. Cette méthode consistait pour lui à se répéter quotidiennement la phrase : « Je vais de mieux en mieux chaque jour. » Sans le savoir nommer, Émile Coué avait en fait mis en pratique ce qui sera plus tard présenté comme de l'**autohypnose** et de l'**autosuggestion**.

Peut-être que tu connais cette histoire, mais que tu as toujours considéré que ça n'avait pas de validité scientifique ou assez peu de chance de vraiment fonctionner. Détrompe-toi ! Avant Émile Coué, les gens se répétaient déjà des phrases pour se réconforter, se rassurer, se donner confiance... Et beaucoup le font encore aujourd'hui sans en avoir vraiment l'impression. Quand tu récites une prière, par exemple, au-delà de la communication spirituelle qui peut avoir lieu ou non, il y a un effet immédiat sur ton cerveau. Tu pries, donc tu crois que tu vas y arriver. Et parce que tu y crois, tu augmentes tes chances d'y arriver. Il en va de même pour celles qui utilisent un *mala* de prière ou de méditation et qui répètent un mantra en passant les perles une à une. L'effet est d'ailleurs même amplifié, du fait du mouvement, nous y reviendrons. Alors prière, affirmation ou mantra : même combat. **Ça fonctionne parce que tu y crois**, et ça ne fonctionne bien que si tu y crois pleinement. Voilà pourquoi le mantra est un outil puissant ou complètement inefficace. Si tu le fais sans conviction, il est assez peu probable que ça te booste ; il est très important que tu choisisses toi-même ta méthode et ton mantra (p. 148).

Tu peux piocher dans des mantras connus, s'ils t'inspirent. J'ai cité le mantra de Coué, mais on peut aussi parler du « *memento mori* » (« rappelle-toi que tu es mortel ») de l'empereur Marc Aurèle. Selon les philosophes stoïciens, cela aiderait à accepter la mort et à faire en sorte que chaque jour compte vraiment.

Si tu as envie de quelque chose de moins déprimant, tu peux piocher dans les mantras yogi et de philosophie indienne : « *Sat Nam* », par exemple, qui veut dire « je suis la Vérité » et qui t'engage à être pleinement toi-même et à t'accepter. Plus simplement, tu peux prendre une citation courte que tu apprécies ou qui te parle, ou construire ta phrase en contrant une phrase négative que tu as trop tendance à te répéter. Comme ça, tu te donnes une chance de te dire régulièrement quelque chose de positif et de valorisant à toi-même. E., par exemple, a choisi le très simple mais puissant : « Tu es légitime. » L., pour sa part, a opté pour : « Même pas peur ! », qu'elle se répète en permanence avant de foncer tête baissée, avec beaucoup de succès.

Tout ce qu'il reste à décider maintenant, c'est quand tu vas utiliser ton mantra. L'idéal, c'est aussi souvent que possible. Typiquement, tu peux te le répéter dans ta tête pendant que tu te brosses les dents le matin. Effet bonus supplémentaire : ça t'empêchera de faire la liste infinie de ce que tu as à faire pendant deux minutes, ce qui constitue une pause et une bouffée d'air nécessaire dans ta journée. Deuxième effet bonus : ça occupera ton cerveau, pour que tu ne penses pas à te détailler dans le miroir et à te faire des remarques désagréables sur les différents traits de ton visage.

Si tu **répètes ton mantra régulièrement et dans les mêmes circonstances**, ça va aussi renforcer son effet. Notre cerveau aime **associer du son et du mouvement** : on retient mieux ses cours en marchant, on est plus concentré sur un appel téléphonique quand on gribouille sur une feuille. Il en va de même pour ton mantra : si tu le répètes en passant les perles d'un *mala* ou en marchant vers ta voiture pour aller au travail, tu vas associer les deux moments et le supplément de concentration va renforcer son empreinte dans ton cerveau.

Voici une dernière suggestion, qui vient de la coach américaine Mel Robbins : si aucun mantra ne te vient à l'esprit, tu peux te toper dans la main à chaque fois que tu es en face du miroir, pour faire un *high five* avec toi-même. Essaye, tu verras que c'est amusant et vivifiant !

« ÇA VA MIEUX MAINTENANT, MAIS DANS UNE SEMAINE... »

Comment te sens-tu maintenant ? Est-ce que tu commences à sentir le syndrome de l'imposteur se faire tout petit, pendant que ta vraie voix intérieure prend toute sa place dans ta tête ? Est-ce que tu t'inquiètes à l'idée que ça ne résiste pas une fois le livre refermé ou dans quelques semaines, quand tu seras retombée sur ton collègue pénible qui critique tout ? Beaucoup de mes coachées craignent aussi que cette confiance à peine trouvée ou retrouvée se fasse la malle bien trop vite.

Pas de panique : j'ai un outil pour stabiliser tout ça. Si tu te sens bien là, tout de suite, alors c'est le moment de faire cet exercice. Je te demande d'**écrire une lettre à la toi du futur** (p. 148). Tu peux la nommer comme tu le souhaites et adopter le ton que tu veux. La seule règle, c'est d'**expliquer à la toi du futur que tu as décidé d'avoir confiance en toi et lui exprimer les raisons de ce choix**. Par exemple, si tu as été particulièrement boostée par la liste de tes accomplissements, tu vas peut-être vouloir écrire qu'il faut relire cette liste, que ce sont de vrais succès dont personne ne peut douter. Tu vas peut-être vouloir rappeler à la toi du futur ton mantra et pourquoi tu l'as choisi, voire pourquoi tu y crois.

Le but, c'est de **remplir cette lettre de l'affection et de la confiance que tu ressens** maintenant pour toi-même. Tu n'auras peut-être jamais besoin de la relire, mais garde-la comme une assurance, en cas de coup dur ou de pente particulièrement raide à remonter. Cette lettre, ce sera la grande sœur qui viendra te consoler et te dire que tu es géniale. Sauf que c'est encore mieux, parce que ça vient de toi-même.

Tu peux même en faire un package, si tu veux aller plus loin : joins à la lettre les autres notes des exercices que tu as prises jusqu'ici et tout ce qui serait susceptible de te faire du bien. Une de mes amies a une boîte comme celle-ci pour les jours de règles : elle inclut à la fois sa bouillotte, du chocolat et des petits mots gentils pour soigner son mental autant que son physique. À toi de trouver ce dont tu as besoin pour te garder à flot le temps que la tempête passe. Ce qui devrait être un peu plus facile, maintenant que tu te connais mieux !

☑ **Tu sais maintenant que toute la confiance dont tu as besoin est en toi, et tu es capable de la distinguer du saboteur dans ta tête, que tu identifies de mieux en mieux. Tu connais aussi un peu mieux tes forces et tes faiblesses et tu es en lien avec ton intuition. Nous pouvons passer de l'intérieur à l'extérieur, pour parler du merveilleux monde du travail !**

PARTIE

02

BRILLE DE TOUTE TA LUMIÈRE AU TRAVAIL !

Chapitre 1

TROUVE TON CHEMIN !

Je sais que je veux être ingénieure motoriste depuis que j'ai six ans. J'en étais convaincue et j'ai fait tout ce que j'ai pu pour m'ouvrir cette voie. Dans cette partie, je vais t'expliquer à mon tour **comment te frayer un chemin**, quelle que soit ton envie, ton ambition, ton rêve... Mais avant ça, il est important de savoir comment **trouver cette carrière et cette ambition**. Si tu sais parfaitement ce que tu veux faire des prochaines années de ta vie, tu peux sauter ce chapitre pour foncer lire mes conseils pour y arriver. Mais si tu cherches encore ton pourquoi, alors tu vas trouver les outils qu'il te faut ici.

Tout d'abord, je suis l'exception, pas la règle, j'en ai bien conscience. Il est normal de ne pas savoir ce qu'on veut faire de sa vie, en particulier quand on est encore assez jeune. Je trouve même particulièrement difficile ce que le système français impose aux jeunes : choisir son orientation, une première fois dès la troisième, à 15 ans à peine, et à nouveau à 18 ans alors qu'on connaît si peu du monde. En Suède, où je vis maintenant, les jeunes finissent leur lycée à 19 ans et prennent ensuite un à trois ans pour faire le plein d'expérience. Il est fréquent qu'ils travaillent dans un fastfood jusqu'à avoir assez d'argent pour faire le tour de l'Amérique latine. Certains passent une année à l'armée en tant qu'engagés volontaires ou, au contraire, dans le Nord à travailler auprès des éleveurs d'élans. Bref, ils font des essais, découvrent leurs goûts, leurs talents, échouent : tout ce qu'il faut pour avancer sereinement. Parfois, ils prennent même quelques cours en auditeur libre à l'université. Le cours d'histoire des idées est particulièrement prisé.

Bref, avec la rigidité de notre système français, qui t'impose de choisir immédiatement à 18 ans et de ne surtout pas te dédire par la suite, la pression est maximale et la reproduction sociale marche à fond. Les enfants d'ingénieurs deviennent ingénieurs, j'en ai même vu intégrer l'école dans laquelle leurs parents s'étaient rencontrés étudiants, poussant la reproduction sociale et le manque de choix personnel à leur paroxysme.

Ce n'est donc pas grave non plus si tu lis ce livre à 35 ou 40 ans, usée par une carrière dans laquelle tu ne trouves plus de sens, si tant est même que tu en as trouvé à un moment. C'est normal et ce n'est pas grave. Tu as le droit d'avoir évolué et de ne plus voir ce que tu fais à cet endroit aujourd'hui. Tu vas trouver ce que tu veux faire maintenant, c'est garanti !

TA VOIE N'EST PAS SACRÉE

Petit *disclaimer* avant de foncer dans la méthode : il faut cesser de sacraliser ta voie. Il paraît souvent impossible de trouver sa voie, parce que les critères pour cela seraient de trouver le chemin idéal, qui serait forcément unique, et qui serait éternellement parfait pour toi.

Regardons ces critères dans le détail. **La voie idéale**, cela signifie qu'elle serait parfaite, sans rien qui te déplaise jamais dedans. J'ai un scoop : **aucun métier n'est parfait**. Ou plutôt, tous les métiers ont une facette ennuyante ou stressante, impossible à éviter. Pas mal d'entrepreneures détestent la comptabilité, et même si tu la confies à quelqu'un, tu dois quand même lui transmettre un certain nombre de documents, donc t'en occuper un minimum. Je déteste les réunions de prévision des ventes : c'est toujours un grand moment de divination digne de Madame Soleil, entrecoupé de coups politiques par certains commerciaux peu scrupuleux de la vérité. Il est impossible d'aimer son travail dans toutes ses dimensions, chaque jour de la semaine.

En revanche, si tu détestes une facette qui couvre 50 % de tes journées ou plus ou que, chaque jour, tu détestes un peu plus ton travail, il faut changer d'entreprise ou de métier !

La voie unique, comme le prince charmant serait notre âme sœur unique et nous complèterait, serait un travail de rêve, notre mission jusqu'à la retraite et plus si affinités. Eh bien, c'est autant du *bullshit* pour l'un que pour l'autre. Comme il n'existe pas de prince charmant unique et pour la vie, **il n'existe pas de voie unique pour te contenter parfaitement**. Il y a très probablement plusieurs choix qui peuvent te convenir, **plusieurs métiers qui peuvent t'intéresser**, et de multiples alternatives pour arriver à un même point final. Ça n'a donc aucun sens de te torturer à savoir si tu fais le meilleur choix. Si ton choix te convient maintenant, alors fonce, peu importe s'il y en avait un autre aussi convenable ou potentiellement meilleur.

Ce qui nous emmène au dernier point, le plus stressant selon moi : une voie qui serait **un choix pour la vie**. Ce n'est absolument pas vrai, je pense même que c'est le plus faux des trois critères. **Tu n'es pas attachée à ton travail ou à ton entreprise pour la vie**, encore heureux. Tu peux lire partout l'histoire de personnes qui ont quitté leur travail de trader à Wall Street pour ouvrir une chaîne YouTube de vulgarisation économique (coucou, Gilles Mitteau de la chaîne « Heu?reka » !) ou pour être chercheur professionnel de bonheur (coucou, Jonathan Lehmann et sa méthode « Les antisèches du bonheur » !). Un ami à moi a étudié à l'INSA (Institut national des sciences appliquées), pour finalement aller faire son séminaire et devenir prêtre, sûrement inspiré par nos vies de pécheurs en école d'ingénieurs ! Combien qui ouvrent leur boutique, leur restaurant ou leur ferme éco-gérée ? Peut-être qu'ils se sont trompés dans leur première vie. Dans ce cas, rappelle-toi du chapitre sur l'échec : ce n'est pas grave, et ça leur a probablement beaucoup appris. Ou bien leur premier choix leur a très bien convenu pendant dix ans et correspondait à leurs valeurs à ce moment-là, puis ils ont évolué : pas grave non plus !

Pour ma part, j'ai aussi changé de métier. Tu te souviens que mon *dream job*, c'était d'être motoriste. Je l'ai fait avec bonheur pendant trois ans. C'étaient vraiment trois années de bonheur total. Mais c'était aussi l'occasion de me rendre compte que j'avais plus d'ambition, plus de faim pour le pouvoir et la prise de décision. Et puis, rien ne ressemble autant à un vilebrequin qu'un autre vilebrequin. J'en avais fait des centaines et c'était devenu bien moins fun. J'ai donc accepté un travail de commerciale, parce que le business, ça m'emballait. Et puis, il y a un an et demi, je suis devenue coach en parallèle de mon travail et j'ai créé PowHER ta carrière. Encore une autre voie, qui me correspond vraiment bien et me plaît énormément. Je le sais à l'énergie que je ressens à aider chacune d'entre vous !

Donc, clairement, il n'y a pas de *dream job* idéal, unique et pour la vie. Le choix que tu fais maintenant doit te convenir et te satisfaire maintenant, et potentiellement pouvoir tenir quelques années. Si tu te trompes, tu auras au moins une bonne histoire d'échec à raconter !

TON RÊVE BLEU

Est-ce que tu rêves ? Je ne parle pas de la partie qui se passe dans ton sommeil, mais plutôt des rêves de la journée. Est-ce que tu te laisses aller à rêver dans la journée ? Si tu ne sais pas quoi me répondre ou que tu ne vois pas ce que je veux dire, c'est sûrement que ce n'est pas le cas. Peut-être que tu te souviens d'une époque où tu rêvassais et où un adulte aigri a dit à la jeune fille que tu étais de se réveiller et de faire un choix. Alors, on va demander à l'aigrie Micheline de se taire et de reprendre le chemin de la rêverie.

Pourquoi je t'en parle maintenant ? Les rêveries, c'est le moment pour ton inconscient de se projeter sans trop d'interférences de la part de ta conscience. En gros, ton imagination peut librement s'exprimer et imprimer des images qui reflètent des envies profondes. Un peu comme lorsque je te proposais d'écouter ton intuition : la rêverie, c'est peindre ce que cette intuition te dit.

La plupart des beaux projets commencent par une rêverie. Potentiellement, celle-ci devient une idée lancinante. Ensuite, l'idée prend forme, tu oses te l'avouer consciemment et y penser au lieu de la rêver. Et après y avoir pas mal pensé, peut-être même que tu en viens à avoir un plan pour passer à l'action et faire du rêve une réalité.

Pour ma part, j'ai vraiment longtemps rêvé d'écrire un livre. Je me suis vue le défendre sur des plateaux télé, je me suis vue l'écrire dans une cabane au bord de l'eau, je me suis vue le présenter à un éditeur. Me voilà, des années plus tard, en train de l'écrire. D'accord, je ne suis pas dans une cabane au bord de l'eau, mais voilà, je suis quand même en pleine exécution de ce rêve.

Le pouvoir du rêve, c'est qu'il apparaît sans censure. Dans mon rêve, je ne suis pas encore en train de paniquer en me disant que le livre ne sera lu que par ma sœur et son chat (coucou, A. et Olaf !) Dans mon rêve, les éditeurs ne refusent pas le manuscrit. Dans mon rêve, je ne doute jamais de le finir en temps et en heure alors que j'ai deux métiers maintenant. Dans mon rêve, je suis géniale, je ne dis que des choses intelligentes et mon livre est apprécié et considéré comme indispensable pour toutes les femmes. Il peut en être de même pour toi. Dans ton rêve, tu peux être metteuse en scène de théâtre (un autre de mes rêves qui s'est réalisé), pilote d'avion, maîtresse d'école... comme lorsque les enfants nous disent vouloir être princesse-paléontologue-vétérinaire. Tu t'en fiches, tout est possible dans les rêves.

La question, si tu as du mal à rêver, c'est comment commencer. Il y a plusieurs solutions à ta disposition, plus ou moins spontanées, selon ton degré de confort. Premièrement, **arrête d'être productive à tout moment**. Je parle notamment des petits moments où tu performes une action physique qui ne requiert pas ta présence mentale. Dans ces moments-là, tu te dis sûrement qu'il faut que tu rentabilises ce temps en écoutant des podcasts ou en t'informant avec la télé ou la radio. Je te propose de couper cette distraction productive qui t'empêche de rêvasser. La prochaine fois que tu fais la vaisselle ou que tu te brosses les dents, laisse-toi aller à rêver, un peu comme une méditation. Et si tu te dis que c'est impossible parce que tu penses systématiquement à tout ce qu'il te reste à faire ou à la liste des courses, tu as deux solutions. La première est de gentiment te rappeler à l'ordre : « Je remarque que je suis en train de penser à un truc pratique, ce n'est pas grave, mais si je pensais plutôt à ce que j'adorerais faire ? » Observe calmement ces pensées défiler dans ta tête. Est-ce qu'il y a un thème récurrent, par exemple ? La deuxième solution, si tu n'arrives pas à faire abstraction de ta liste de courses, est de changer de méthode. Peut-être que tu as besoin d'écrire pour fixer un peu ton dialogue interne. Dans ce cas, **écris spontanément tes rêveries** pendant une semaine, à raison de cinq minutes chaque soir (p. 149). Cette méthode est celle du *journaling* instinctif. À nouveau, tu te reconnectes avec ton intuition, à l'abri de la censure. Et si tu as du mal à entendre ton intuition, ou qu'écrire sans savoir où commencer te fait peur, voici quelques questions auxquelles tu peux tenter de répondre longuement (une par jour) :

- Qu'est-ce qui me rend fière de moi ?
- Qu'est-ce que j'adore, qu'est-ce que je déteste dans mon métier ?
- Si je n'avais plus jamais peur de rien, comment occuperais-je mes journées ?
- Si je n'avais plus du tout à me soucier d'argent, qu'est-ce que je ferais de mon quotidien ?
- À quoi ressemblerait mon *dream job* en termes d'horaires, de contexte de travail, de collègues ?
- Qu'est-ce qui me stresse actuellement dans mon travail ? Qu'est-ce que je ne supporte plus ?
- Qu'est-ce que j'aime faire dans la vie en général ? Qu'est-ce que je n'aime pas faire ?
- Quel personnage ou personnalité m'inspire, et pourquoi ?

ET C'EST PARTI POUR L'ACTION !

Un autre écueil assez typique sur le chemin pour trouver sa voie, c'est de penser en termes de métier. L'image qui représente le mieux cet écueil, c'est le catalogue des métiers qui trône dans le bureau de la conseillère d'orientation, en plusieurs classeurs. Je n'ai jamais compris comment il était organisé et comment y retrouver quoique ce soit. Pour moi, ce classeur ressemble plutôt à un grimoire magique qu'à un guide. Même en sachant ce que je cherchais, je n'ai jamais réussi à trouver la page qui concernait mon futur métier de motoriste.

Pourtant, dans la tête de beaucoup de jeunes femmes, trouver sa voie fonctionne exactement comme ce catalogue. À la question « Qu'est-ce que tu veux faire dans la vie ? », elles se retrouvent à passer en revue tous les métiers qu'elles connaissent d'une manière ou d'une autre, dans une tentative désespérée de feuilleter le catalogue et de voir une réponse émerger, auréolée de lumière.

Au-delà du fait que ce n'est pas magique et qu'une telle méthode n'est pas près de donner des résultats satisfaisants, elle a la mauvaise manie de renforcer les stéréotypes en tout genre. En effet, si je te demande de penser maintenant à tous les métiers que tu pourrais envisager, il est très probable que ton cerveau juge la requête très complexe, parce que nécessitant de mobiliser beaucoup d'informations. Par conséquent, il va essayer comme toujours de se simplifier le travail, en présentant tout d'abord les réponses les plus susceptibles de t'intéresser. Tout comme Google classe les réponses les plus pertinentes en fonction de l'utilisateur, ton cerveau va choisir les seuls filtres faciles d'accès : les stéréotypes. Il va forcément mettre en avant les métiers de ton entourage proche en premier lieu, ceux des personnes du même genre que toi, et ceux que tu rencontres le plus. Et voilà comment tu peux dire, à 4 ans, que tu veux être maîtresse : parce que c'est le métier d'une femme de ton entourage que tu apprécies particulièrement ; même à 18 ans, tu continues à envisager le catalogue des métiers d'une manière très similaire et restreinte. C'est aussi la raison pour laquelle certains métiers restent largement féminins ou masculins : loin d'un déterminisme génétique, ce sont surtout les stéréotypes qui continuent à guider le choix des petites filles et des jeunes femmes. Si on ne voit que des hommes être joueurs de foot et astronautes, et que des femmes être aides-soignantes ou chanteuses dès qu'on allume sa télé, il est difficile de ne pas en être imprégnée !

J'ajouterais que cette méthode du choix du métier renforce aussi terriblement les stéréotypes de classe. Si tu as grandi dans un milieu favorisé, il y a de fortes chances que tu aies déjà côtoyé des gens avec des métiers assez divers et des diplômes traduisant un nombre d'années d'études important. Alors que, si tu as grandi dans un milieu plus modeste, tu as sûrement essentiellement côtoyé des gens avec un panel de professions assez restreint, et souvent liés aux tranches CSP les plus faibles. Il est évidemment plus facile de comprendre en quoi consiste le métier d'ingénieur lorsqu'on a un ami de la famille, ou mieux, une grande sœur, en école d'ingénieurs.

Bref, tu l'as compris : je te propose d'**arrêter définitivement de penser en termes de métier**. À la place, construis ton projet de carrière en pensant au **verbe d'action qui te correspond le mieux** : un verbe qui décrit une action faite par toi (p. 150). La différence avec cette méthode, c'est qu'elle part de toi et de tes envies plutôt que des métiers disponibles. Tu commences à le comprendre, ça me paraît toujours plus sensé de te mettre au centre de ta vie et de tes envies. Mais en plus, ça a du sens dans notre monde, qui est extrêmement changeant : 85 % des métiers de 2030 n'existent même pas encore[11]. Les carrières, les vies professionnelles sont bien plus hachées et changeantes qu'auparavant. Donc, ton verbe d'action va te servir de phare dans la mer, pour savoir dans quelle direction naviguer.

11. Rapport de Dell et du think tank californien l'Institut pour le Futur, 2017.

Comment trouver ce verbe d'action ? Un bon point de départ est l'exercice des questions à tes proches – notamment les questions 3 et 4 – que tu as fait dans la première partie du livre (p. 51). Ils ont sûrement parlé de compétences et de métiers différents : essaye de trouver des actions communes à ces professions.

Tu peux aussi commencer à noter, pendant plusieurs jours, **toutes les activités que tu apprécies particulièrement au quotidien**, tout ce qui donne du sens à ta vie. Ça devrait donner une liste assez longue avec, par exemple, jouer à la console, aider ton amie à poser ses étagères... Tu peux aussi y adjoindre ce que tu aimerais faire mais que tu n'as pas fait, comme lire un nouveau livre, sortir du bureau avant que le soleil ne soit couché ou encore défendre ta collègue quand elle est interrompue. Ensuite, **rassemble ces idées en sous-groupes** pour réduire la taille de la liste. Par exemple, la notion de défendre va peut-être apparaître plusieurs fois. Ça devrait te donner plusieurs grands verbes qui couvrent cinq ou six notions. Tu peux maintenant les regrouper encore plus pour obtenir **le ou les deux verbes-parasols** qui recouvrent les autres. Ce sont eux qui guident ta vie et tes envies professionnelles.

Voici ce que mes coachées ont trouvé quand je leur ai demandé de faire l'exercice : défendre, protéger, soigner, vendre, créer, nourrir... Pour ma part, mon verbe d'action, c'est convaincre : logique, non ? Au regard de ma carrière et de mon épanouissement actuel, c'est même une évidence : de commerciale à *business developper* en passant par créatrice de contenu sur Instagram, coach et autrice maintenant, j'ai cherché à convaincre dans chacune de mes activités. J'ai convaincu des clients de faire confiance à mes produits, mes collègues de prendre soin de mes clients en priorité, des milliers de femmes qu'elles méritaient le meilleur, et des coachées de s'aimer comme une amie. J'ai convaincu une éditrice de me laisser écrire un livre pour convaincre d'autres milliers de femmes de prendre les rênes de leur carrière.

Avec ce verbe d'action, je pourrais même être avocate, lobbyiste (c'est déjà un peu mon cas dans le maritime, pour les énergies vertes), politicienne, diplomate… C'est la magie du verbe d'action : ça ne nous enferme pas dans une carrière, tout en diminuant quand même le champ des possibles pour ne pas être perdue.

☑ **Pour trouver ta voie, commence donc par ne pas l'idéaliser : il est normal que tu n'aies pas un métier en tête depuis ton plus jeune âge. Aucune voie n'est absolument parfaite, une bonne voie ne doit pas nécessairement te convenir pour toujours, et il y a plusieurs bonnes voies pour toi. Essaie d'écouter tes rêves et de penser en termes d'actions, plutôt qu'en termes de métiers !**

Chapitre 2

PRENDS TA PLACE, TOUTE TA PLACE !

Nous entrons dans le cœur de la meule : **tu mérites de prendre de la place**, toute la place qu'il te faut. Il ne s'agit pas d'essayer de te caser dans un petit coin. Au contraire, tout l'objectif des chapitres précédents, et j'espère que ça a marché, était de te faire prendre conscience que tu mérites le meilleur, et d'être vue et entendue pleinement.

Peut-être que tu te dis que tu es timide naturellement, ou introvertie, et que tu ne tiens pas à prendre la lumière sur toi. Ou alors, tu te dis que c'est facile pour une coach de se donner en spectacle, mais que toi, tu vas te faire aligner si tu te lances là-dedans.

Je ne te dis pas que tu dois prendre une place d'une taille ou d'une forme précise. Le but, ce n'est pas que tu choisisses d'être PDG ou rien, que je ne m'adresse qu'aux femmes extraverties qui, comme moi, cherchent la lumière assez naturellement. Je veux juste qu'on te débarrasse ensemble du sentiment de ne pas être écoutée, de la sensation d'être à l'étroit, de la frustration de voir ton collègue s'approprier tes idées. Je veux qu'on t'évite de te faire discrète au point de disparaître, frustrée de ne jamais avoir la promotion que tu mérites. J'aimerais que tu choisisses une chaise confortable, celle qui te plaît, en entrant dans la salle de réunion de ton bureau, au lieu de t'asseoir parmi les derniers, sur le petit tabouret collé au mur.

TU AS TOUJOURS ÉTÉ UNE BONNE ÉLÈVE

Je fais cette hypothèse sans besoin d'une boule de cristal : tu as été une élève douée à l'école. Tu étais sûrement sage et studieuse. Tu avais un frère ou un ami qui l'était beaucoup moins et qui causait du souci à ses parents. Les statistiques le montrent, **les filles réussissent vraiment mieux à l'école que les garçons**[12]. Elles sont en général mieux organisées, plus disciplinées, plus studieuses et appliquées. Bref, les jeunes filles correspondent aux attentes de l'école. Elles maîtrisent l'idée de répondre correctement à la question dans des examens qui, souvent, n'offrent pas plusieurs alternatives de réponses. Même dans les dissertations, soyons honnêtes, il y a un plan attendu qui correspond au maximum de points. De même, parler seulement quand on y est autorisé est fortement valorisé à l'école, et dans l'éducation des filles.

Tout est parfait dans un monde magnifique, jusqu'au moment où nous quittons l'école pour le monde du travail. C'est là que ça se corse, comme pour Dorothy quand elle se rend compte qu'elle n'est plus au Kansas. Le monde du travail, lui, a été construit par les hommes pour les hommes, avec des règles auxquelles ils se sont préparés depuis leur enfance. Dans le monde du travail, il est admis d'**interrompre les autres en réunion**. **Faire des erreurs** est moins pénalisé que de ne rien faire du tout. Il n'y a de toute façon pas de réponses justes ni de professeurs pour les valider. Il faut donc **oser faire et oser dire**.

Mais comment oser, quand on a été bien sage pendant des années et que c'est justement ça qui payait ? Voilà comment plein de femmes se retrouvent coincées dans **le syndrome de la bonne élève**. D'autres facettes de ce syndrome impliquent aussi l'envie de faire plaisir à tout le monde, surtout aux figures d'autorité. Encore une fois, cette attitude est bénéfique à l'école

12. « Filles et garçons sur le chemin de l'égalité, de l'école à l'enseignement supérieur », ministère de l'Éducation nationale, de la Jeunesse et des Sports, édition 2019.

– « Sarah est tellement agréable, on voudrait avoir 30 élèves comme elle » – et complètement l'angoisse au bureau – « Sarah va prendre des notes pour le compte rendu du meeting, de toute façon ». Évidemment, dire « non » ne vient même pas à l'idée d'une bonne élève, quitte à faire déborder sa journée. Si j'ajoute à ça le perfectionnisme et le besoin de reconnaissance – qui ne vient pas toujours –, l'épuisement peut vite pointer le bout de son nez. C'est comme ça, pour ma part, qu'à 21 ans, je me suis effondrée en larmes dans le bureau de mon directeur de recherche. Deux semaines d'arrêt pour épuisement professionnel : autrement dit, j'ai fait un burn out dans ma première année de carrière.

Comme je tiens à mon record de vitesse en burn out sur une carrière, je vais t'expliquer comment ne pas sauter à pieds joints dans tous les pièges comme je l'ai fait.

COMMENT DIRE « NON » ?

Est-ce que tu te souviens de la dernière fois que tu as dit « non » à un collègue de travail ? Encore plus dur : est-ce que tu te souviens de la dernière fois que tu as dit « non » à ton manager ? Si c'est flou ou que tu n'en as pas souvenir, alors cette partie est pour toi.

Dire « non », ça fait peur parce que c'est forcément source de conflit, n'est-ce pas ? Et puis, tu peux te dire que ça risque de fortement déplaire. Sache que c'est une idée reçue. Dire « non » est bien moins souvent conflictuel que tu l'imagines et il y a des méthodes pour bien le faire, sans rétrécir son espace vital.

Ma première recommandation, c'est de **prendre le temps de réfléchir** quand quelqu'un te fait une requête. S'il est difficile de dire « non » pour toi, il se peut que, sur l'énergie du moment, tu répondes « oui » sans y réfléchir et sans vraiment prendre la question pour ce qu'elle est : une question. Tes collègues ont le droit de te demander de l'aide, mais ils n'ont pas le droit de t'imposer le timing de la réponse ou de l'action que tu dois mener (seul ton ou ta manager a son mot à dire sur ton agenda et tes tâches). Ils peuvent te proposer un calendrier indicatif, mais en aucun cas l'imposer. Tu as donc tout à fait le droit de dire à ton collègue que tu vas voir ce que tu peux faire et revenir plus tard pour lui dire ce qui est possible ou pas.

De même, **tu n'es pas obligée de répondre à tes mails dès qu'ils arrivent**. Pour ma part, je traite mes mails une fois par jour, j'ai même une réponse automatique qui l'explique pour que les gens ne s'impatientent pas. Si certains tentent quand même de râler, encore une fois, tu es maîtresse de la gestion de ton temps. Tu verras que si tu essayes, ça fera nettement diminuer ton stress et que tes collègues s'en accommoderont bien. Tu vas même potentiellement faire des émules.

Admettons maintenant que la tâche ne rentre pas dans ton emploi du temps. Tu ne peux simplement pas y ajouter une nouvelle mission. Attention, j'insiste sur un élément qui peut paraître simple mais qui mérite d'être dit : si tu dois annuler un plan perso, si ça dépasse de ta journée de travail ou si tu dois le faire le week-end, alors tu n'as pas le temps de le faire. La meilleure réponse, dans ce cas, c'est de **prévenir que tu n'as pas le temps** de le faire maintenant et d'annoncer tu seras disponible pour t'en occuper mercredi prochain, par exemple. **Offrir une alternative** aide toujours à faire passer la pilule, c'est la technique du « non, mais » : tu marques fermement l'impossibilité, mais tu montres ta bonne foi. L'autre est libre de prendre ton offre ou non. Tu peux d'ailleurs ajouter que si ça convient, tu notes tout de suite la tâche à cette date. Si ça ne convient pas, tu peux inviter ton collègue à trouver l'aide urgente dont il a besoin auprès de quelqu'un d'autre.

Il se peut que le collègue se montre belliqueux, te dise que ce n'est pas normal et que son projet est éminemment plus important que tout ce que tu as déjà sur le feu. Il n'a rien le droit d'exiger du tout, ton temps t'appartient et il n'est pas ton manager. Dans ce cas, tu peux répondre à ton collègue que tu as toi aussi des dossiers en souffrance, qui demandent toute ton attention. S'il a vraiment besoin de toi, il peut accepter ton offre à la date ultérieure proposée.

Si c'est ton chef, ce n'est pas forcément plus compliqué de rester ferme. Explique tes priorités, présente les tâches en cours, et demande-lui laquelle tu dois abandonner pour faire celle qu'il t'impose de faire maintenant. Si c'est vraiment important, il fera un arbitrage. Si c'est du caprice, il trouvera une autre solution. S'il grogne que tu ne sais pas t'organiser, tu pourras dresser un *red flag* indiquant sa toxicité, nous en reparlerons.

Ton collègue te demande peut-être de faire **quelque chose qui ne fait pas du tout partie de tes missions**. Personnellement, dans ce cas, je dis systématiquement que ce n'est « pas dans mes attributions ». Je recommande ensuite à la personne de s'adresser à quelqu'un dont c'est le travail et qui saura le faire. Par exemple, je renvoie systématiquement les commerciaux des salons vers ma collègue du marketing, sans leur laisser le temps de me débiter leur pitch. Je les soupçonne d'ailleurs de m'appeler en partant du principe qu'une femme, ça s'occupe forcément un peu de marketing. Sauf que non, je n'ai pas de temps à accorder à cette fonction, c'est d'ailleurs pour ça que quelqu'un a ce poste à plein temps dans notre entreprise.

Je ne résiste pas à l'envie de mentionner la sous-catégorie de **la charge émotionnelle en entreprise**. Est-ce que tu as remarqué à quel point les femmes font souvent le liant dans leur équipe de travail ? À quel point c'est souvent attendu d'elles, que ce soit leur truc ou non, et avec très peu de reconnaissance et de gratitude ? Je parle, par exemple, de l'organisation des pots de départ, des quêtes pour les anniversaires ou naissances, de faire le café pour les réunions, ou juste pour qu'il y en ait de disponible dans la salle de pause. En Suède, où c'est un sujet pleinement reconnu, j'ai vu deux approches distinctes : tout le monde fait sa part, ou tout le monde remercie largement celle qui se charge de tout. Dans le premier cas, les médecins de l'hôpital, par exemple, remplissent aussi le lave-vaisselle, parce que les aides-soignantes n'ont pas à être corvéables à merci. Dans le second, quand j'ai mis en place l'idée d'apporter un gâteau à chaque signature de contrat, tout le monde m'a remercié de lancer une bonne idée comme celle-ci et continue à me remercier à chaque gâteau. C'est même noté dans mon évaluation de performance en tant que commerciale – que je suis la joie et le lien de l'entreprise – ce qui m'a permis d'obtenir mon bonus en plein. Je n'ai pas toujours proposé ce service, ce supplément d'âme. Dans une entreprise passée, où les gens ne savaient pas se montrer reconnaissants, je ne préparais jamais le café, d'autant plus que je n'en bois pas moi-même. Et les rares fois où quelqu'un s'attendait à ce que je le fasse, j'expliquais toujours que ma façon de préparer les boissons chaudes, c'était de les laisser infuser dans un grand verre d'eau chaude.

Il y a aussi les cas où il t'est demandé d'accomplir **une tâche que tu n'as jamais faite**. Si la tâche t'intéresse sincèrement et que tu as envie d'investir du temps pour apprendre, fonce. Si c'est une tâche traquenard, tu peux toujours dire « non ». Cette fois, tu peux jouer la carte de l'honnêteté ferme : « Je ne sais pas faire cette tâche et je n'ai malheureusement pas le temps de me former là-dessus en ce moment. » Même si la personne te dit qu'elle va te montrer ou que ce n'est pas difficile, **insiste et reste ferme** sur le fait que c'est impossible pour toi d'accorder du temps maintenant à cet apprentissage.

Pour réussir à dire « non » au mieux et sans drama, essaie toujours :

- d'être convaincue toi-même que **tu as le droit de poser des limites** ;
- de **prendre le temps de décider**, puis de rester sur ton choix ;
- de **poser ta limite aussi tôt que possible** dans le processus ;
- de **suggérer une alternative qui te convienne** (une personne, un service dans l'entreprise ou un créneau dans ton emploi du temps).

Ton temps t'appartient, tu as pleinement le droit d'en disposer à ta guise et les autres ne peuvent que proposer. J'insiste beaucoup là-dessus, parce que je sais que mes coachées en doutent souvent.

Un autre point important est que plus tu diras « non », plus on respectera tes « oui ». Ça peut paraître paradoxal, mais « oui » n'a de la valeur que si on sait que tu es susceptible de dire « non ». D'ailleurs, tes collègues vont se sentir obligés de vérifier avec toi que tu es disponible au lieu de présumer et de jeter n'importe quelle tâche qu'ils ne veulent pas faire sur ton bureau, et de bien formuler leur demande pour que tu ne sois pas tentée de refuser. Ça devrait te permettre de retrouver de l'espace pour faire ton travail comme il faut, limiter les interruptions, reprendre le contrôle sur tes priorités…

Si tu as envie de flancher une fois que tu as dit « non », repense aux conséquences d'un « oui » un peu rapide. Souvent, cinq minutes de résistance nous évitent des jours de regret, et nous font gagner bien du temps.

QUAND DIRE « NON » ?

Tu as un nombre de « oui » limité dans la journée. C'est un état de fait. Ce nombre est limité par le temps que tu as chaque jour (ton nombre d'heures de travail) et par ton niveau d'énergie (tu n'es pas un lapin Duracell). Par conséquent, n'est-ce pas complètement inconsidéré de les distribuer à tout va, comme un rappeur distribue les biftons dans un mauvais clip de rap ?

Quand tu rentres épuisée en fin de journée et que tu perds patience avec tes proches, c'est cette limite que tu as atteinte. Tu l'as franchie aussi, quand tu es fatiguée de servir tout le monde et que tu te demandes quand quelqu'un va enfin se décider à faire quelque chose pour toi. Et c'est encore une fois le dépassement de cette limite qui fait que tu es rincée pendant le mois d'août et que tu passes ta première semaine de vacances à dormir. Comme pour l'argent, si tu vis à crédit de « oui », tu finiras par te faire rattraper par les huissiers Fatigue et Colère.

Il y a donc une limite, même si c'est difficile de la pointer clairement du doigt. Mais tu peux tourner le problème différemment : une limite, c'est aussi un stock de « oui » disponible pour la journée, la semaine, le mois… Donc, à chaque fois que tu dis « oui » à contrecœur ou sans trop y penser, c'est un « oui » franc, sincère et massif que tu te prives de mettre ailleurs. C'est un « oui » duquel tu te prives personnellement, le plus souvent en faisant passer les autres avant toi. Car tu as aussi le droit de te dire « oui » : « oui » à ce temps calme que tu as envie d'avoir, à ce petit café pris tranquillement au bureau, à cette discussion avec une amie au lieu de finir un énième dossier.

C'est l'enjeu : **déterminer un quota de « oui »**. Je te propose de faire les comptes : combien de fois as-tu accepté quelque chose aujourd'hui ? Et combien de fois as-tu refusé quelque chose ? Combien de ces « oui » étaient à contrecœur ? Combien étaient pour toi, pour ta famille ou pour les gens que tu aimes ?

C., une de mes coachées, a même matérialisé la notion jusqu'au bout. Elle s'est créé des tickets « oui » dans le tiroir de son bureau. À chaque fois qu'elle acceptait une requête, elle sortait le ticket du tiroir. Quand il n'y avait plus de « oui » disponibles, toute requête était automatiquement refusée. Parce que le coût était flagrant, elle a arrêté de dire « oui » à tort et à travers pour faire plaisir. Elle se sentait capable de rester ferme dans tous les cas, une fois sa décision prise. Pourquoi ne pas essayer de ton côté, même simplement en transvasant des trombones d'une boîte à l'autre ?

L'idéal, au bout du compte, c'est d'éviter à tout prix les « oui » qui ne te servent d'aucune manière. L'ensemble de tes « oui », idéalement, devrait rejoindre et **faire avancer un de tes objectifs** de vie ou venir en **renfort d'une de tes valeurs**. Ce n'est pas égoïste, c'est vital, d'autant plus que ça ne veut pas dire que tu ne seras plus serviable : tu vas simplement l'être pour les personnes qui comptent pour toi, dans le temps que tu as de disponible et pour des tâches que tu souhaites accomplir ou qui, pour le moins, ne t'encombrent pas trop.

AU FAIT, EST-CE QUE TU SAIS DIRE « OUI » ?

Paradoxalement, de nombreuses femmes ne savent pas plus dire « oui » que « non ». La première fois que je me suis rendu compte de ça, il s'agissait d'une de mes collègues de travail. Elle acceptait toutes les tâches ingrates et elle travaillait comme une bête de somme. Elle était la personne la plus fiable de l'entreprise, rendant toujours en temps et en heure les dossiers attendus, même si elle avait dû travailler pendant la nuit.

Et pourtant, quand est venu le temps des compliments et de la gratitude qui, selon moi, a trop tardé à venir, elle n'a pas su quoi faire. Elle a clairement minimisé tous les compliments qu'elle recevait : elle avait « de la chance », elle ne faisait « que son travail », elle a « bénéficié du travail du reste de l'équipe ». Au moment de choisir quelqu'un pour être leader de l'équipe, elle avait tellement su convaincre tout le monde qu'elle avait très peu de mérite que, finalement, c'est un de ses collègues masculins, moins compétent qu'elle, qui a été choisi. Lui avait su accepter les compliments et, en somme, avait commencé à dire « oui » avant que la question ne soit posée officiellement.

Plus tard, en coaching, j'ai même découvert des femmes qui disaient « non » alors qu'elles pensaient « oui ». Elles refusaient les promotions à des postes plus élevés, de peur de décevoir les autres et de se mettre trop de pression. Elles étaient persuadées de ne pas pouvoir réussir dans ce nouveau poste, de ne pas être encore prêtes. J'ai aussi eu des coachées qui ne postulaient pas à une offre d'emploi parce qu'elles ne cochaient pas deux compétences sur les sept ou huit demandées. Quand je vois que les offres d'emploi sont souvent une liste au père Noël pour trouver le yeti à cinq pattes, ça m'inquiète de voir les femmes ne pas oser se dire « oui ».

J'ai même entendu l'argument dans le cadre de la négociation de salaire. Certaines ne négocient pas car, si elles sont mieux payées, elles risquent de décevoir. Le risque est trop grand selon elles, et les attentes que cela engendre dangereuses. Je reparlerai plus tard de la négociation de salaire. Mais, tu l'as peut-être reconnu, le syndrome de l'imposteur se cache à peine derrière ces phrases. Si ça t'a sauté aux yeux, bravo, tu as bien assimilé la première partie du livre ! Il n'en demeure pas moins que, même si tu sais que ton syndrome de l'imposteur te joue des tours, tu ne sais pas forcément comment répondre « oui », par manque d'habitude. Alors voici quelques pistes et clés pour t'aider au quotidien.

En premier lieu, **si tu reçois un compliment** et que tu n'as pas la moindre idée de ce que tu peux répondre, un simple « merci » sera toujours mieux que de te dévaluer. Comment savoir si tu te dévalues ? Facile, est-ce que tu dirais la même chose pour une amie ? Est-ce que tu dirais de ta sœur qu'elle a réussi parce qu'elle a été chanceuse ou que c'est son équipe qui a fait tout le travail ? Clairement pas ! Tu te dois de te traiter au moins aussi bien que tu traiterais ton amie, rappelle-toi ! Donc, « merci » fait très bien l'affaire. Laisse bien la personne finir son compliment et sa phrase, **ne l'interromps pas parce que tu es gênée**. Tu mérites les lauriers, et si quelqu'un se propose gentiment de tisser la couronne, la moindre des choses est de ne pas le remballer. **Retiens ce qui a été dit et remercie**. L'intérêt de retenir, c'est aussi de contrer ton saboteur. Au lieu de l'écouter te dire : « Tu ne mérites pas ce compliment », pourquoi ne pas plutôt lui dire : « Tu as entendu ce qu'on dit de moi ? » Une de mes coachées, M., a peur de sa mémoire sélective et note les compliments qu'elle reçoit dans un fichier Word. Comme ça, elle peut les relire quand elle se sent nulle dans son travail et s'en servir dans son entretien de performance de fin d'année, pour négocier son salaire. Moi-même, je vous remercie toujours des messages de félicitations et des retours positifs que vous me faites sur PowHER ta carrière, et je garde les captures d'écran dans mon téléphone pour me sentir bien et reprendre du courage dès que je le souhaite.

Si tu te sens prête, nous pouvons aller un peu plus loin que le simple « merci ». Répondre à un compliment peut aussi être l'occasion de **faire passer un message**. Par exemple, si tu travailles dans une entreprise où la reconnaissance est rare – du coup, je te félicite d'autant plus d'avoir réussi à décrocher un compliment –, tu peux suggérer que c'est bien de montrer sa gratitude plus souvent, par exemple avec une réponse comme : « Merci de prendre le temps de me dire ce que tu penses de mon travail, ça compte vraiment pour moi ! » Ainsi, tu renforces la personne avec un petit compliment sur son attitude, sans te dévaluer. Cela va la conforter dans l'idée de te complimenter plus souvent. Un cercle vertueux s'enclenche !

Si tu tiens absolument à **mettre en avant ton équipe**, place-toi en **leader** plutôt qu'en arrière. Après tout, le compliment t'est adressé, ce n'est pas poli de dire à la personne en face qu'elle a tort. Au lieu de : « C'est l'équipe qui a tout fait, je n'ai aucun mérite », une phrase que j'ai vraiment déjà entendue dans une réunion et qui m'a fait manquer un battement de cœur, tu peux dire : « Je te remercie, j'ai travaillé dur sur ce projet avec l'équipe et ça me fait plaisir que tu le voies. » Encore une fois, mettre les autres en valeur ne doit pas se faire à tes dépens. Tu peux être brillante sans enlever de la lumière aux autres. Et puis, cette équipe, c'est aussi toi qui as réussi à en tirer le meilleur, c'est toi qui as fait en sorte qu'elle travaille bien.

Certaines de mes abonnées les plus audacieuses – et qui connaissent le plus de réussite, coïncidence ? Je ne pense pas ! – **profitent du compliment pour faire valoir une requête**. Par exemple, si ton manager te complimente pour avoir réussi tel projet, tu peux en profiter pour demander cet autre projet qui te fait de l'œil et qui aidera ton avancement. Certaines profitent d'un compliment pour **demander clairement du matériel** : le manager de L. lui a dit qu'il était vraiment content de son travail, elle l'a remercié tout en disant qu'un nouvel ordinateur pour aller encore plus vite serait parfait. Elle a évidemment eu son nouvel ordinateur. Pour ma part, j'ai accidentellement cassé mon téléphone portable au bout de six mois dans mon précédent poste. Comme je venais de signer un contrat de 400 000 € inattendu pour ma hiérarchie, j'en ai profité pour dire à mon chef qu'il me fallait un nouveau téléphone, et je l'ai choisi sans aucune remontrance ou limite de prix.

« EXCUSE-MOI DE M'EXCUSER »

Pour en finir avec la question du langage dans l'affirmation de soi, beaucoup de femmes que je côtoie ont un pouvoir magique : elles s'excusent plus vite que la lumière. Parfois même, c'est le premier mot que j'entends de la part d'une femme.

Ma collègue D. est une fonceuse, une bosseuse, une créative et une vraie force de la nature. On la jette dans un projet fouillis et deux jours plus tard, tout le monde sait qui fait quoi, tous les problèmes sont en voie de résolution et le moral a pris 50 points. Je l'ai rencontrée sur la recommandation d'une amie chasseuse de têtes, M., qui espérait que je pourrais aider D. à comprendre le marché du travail suédois. À la place, je l'ai recrutée. Mais tu as deviné, les premiers mots que D. m'a dit sont : « Excuse-moi. » Elle était en retard de quelques minutes. Moi, je pianotais des mails sur mon smartphone, donc autant te dire que je me fichais complètement qu'elle soit arrivée deux minutes après l'heure.

Combien de fois t'excuses-tu par jour ? As-tu déjà compté ? C'est le premier exercice que je veux que tu fasses : toute bonne détox commence par une prise de conscience. Tu vas sûrement réaliser que c'est très automatique dans ton langage. Tu risques même d'oublier d'en compter, tellement il y a des petits « pardon » et « excuse-moi » qui se glissent partout dans tes phrases.

Pour bien entamer cette *sorry detox*, revenons au commencement : pourquoi s'excuse-t-on ? En premier lieu, on le fait quand on pense avoir commis **une erreur**. On peut aussi s'excuser d'avoir **mal agi** ou d'avoir commis **un tort envers quelqu'un**. Le problème, c'est que beaucoup des pardons que tu prononces mécaniquement ne correspondent à aucune de ses catégories. Quand tu passes la porte du bureau de ton patron, après avoir frappé et été invitée à entrer, tu ne peux pas avoir commis de faute ou avoir fait du tort à ton patron. Alors, pourquoi t'excuses-tu ? Tu es tentée de dire que c'est par souci de politesse et de respect. Mais tu viens déjà de frapper, de t'annoncer et d'attendre qu'on te dise d'entrer, tu ne vas tout de même pas envoyer ta carte avec un laquais, façon *Les Liaisons dangereuses* ? Et puis, est-ce que ce n'est pas le travail de ton patron que d'être disponible pour répondre aux questions ? Est-ce qu'un leader n'est pas là pour guider et soutenir ? Dans ce cas, ton intervention n'est pas une interruption, elle est littéralement le but du travail de tes supérieurs. De toute façon, ton patron est adulte, il peut te signifier que tu le déranges si c'est le cas, et te dire où tu peux t'adresser pour ta question ou quand revenir si tu dois vraiment lui parler.

La vraie difficulté dans l'excès d'excuses, c'est que dans le fond, ce dont tu t'excuses, c'est d'exister dans l'entreprise et de prendre de la place. Et c'est exactement ce qu'il faut éviter de faire pour s'affirmer et pouvoir avoir pleinement la place méritée. Tu n'as pas à disparaître pour être appréciée.

L'étape n° 1 de la détox, après ton bilan, est d'**arrêter de t'excuser quand tu rentres dans une pièce** ou que tu souhaites parler à quelqu'un. Demande simplement à la personne si elle a un peu de temps à t'accorder, pour rester aimable sans te ratatiner. Cette recommandation vaut aussi pour les appels téléphoniques ou les messages sur le réseau en ligne de ton entreprise.

Quand tu demandes de l'aide à quelqu'un sur une tâche, au lieu de te répandre en excuses, tu peux juste remercier la personne et demander poliment si elle a toutes les informations qu'il faut pour travailler sur cette tâche. C'est beaucoup plus efficace, tu verras !

Lorsque tu as fait une erreur minime, tu peux aussi éviter de t'excuser. Admettons que tu arrives en retard de quelques minutes ou que tu aies fait une coquille dans un mail, comme beaucoup de mes abonnées peuvent le faire en tapant vite, et comme je le fais dans mes publications sur Instagram parfois. Ce n'est qu'une petite erreur, peut-être qu'il y a une marge de tolérance, non ? Est-ce que toi, ça t'aurait exaspérée ? Dans ce cas, tu pourrais **remplacer pardon par merci**. Par exemple, au lieu de : « Pardon, je suis en retard », dis : « Est-ce que tu attends depuis longtemps ? Merci de ta patience ! » De la même manière, dans les mails, tu peux remplacer « Je suis sincèrement désolée de m'être trompée » par « Bien vu ! Merci de la correction ! », plus agréable pour tout le monde. Tu peux mettre en valeur les efforts des autres sans te diminuer.

Parfois, tu peux avoir **des contretemps qui causent du retard**. Tu peux ne pas avoir la possibilité physique de rendre un projet à temps, même avec la meilleure volonté. La tentation, c'est toujours de faire mille génuflexions dans le bureau de ton ou ta chef·fe. Moi-même, à une époque, j'ai dit des choses comme : « Mille excuses ! Au temps pour moi ! Je suis vraiment confuse ! » C'était clairement trop, beaucoup trop ! Maintenant, je m'en tiens aux faits : « Le projet a pris plus de temps que prévu ! Mais compte sur moi pour te le rendre à la date du... » En général, ça suffit largement. Tes collègues veulent juste savoir quand ce sera fait. Personne n'aime manquer de fiabilité mais, parfois, il est impossible de faire autrement. Et puis, te flageller ne sert personne, le projet ne sera pas rendu plus vite, et tes collègues ne sont pas adeptes de SM au bureau au point d'apprécier te voir te fouetter.

Le dernier type d'excuses qu'il faut faire sauter, c'est **lorsque quelqu'un d'autre a tort** et que tu t'excuses. Personnellement, ce type-là, c'est celui qui me fait chauffer les oreilles le plus vite. Quand je vois une femme dire : « Excuse-moi, mais ce n'est pas correct, la façon dont tu me parles », je me dis que, quand même, nous sommes toutes sacrément habituées à nous faire petites pour nous excuser de façon non ironique en plein milieu d'une engueulade. Et bien sûr, je me rends compte au ton que c'est parfois ironique. Quand Kamala Harris, vice-présidente des États-Unis, dit à Mike Pence, ancien vice-président : « Je suis désolée, je parle, là », alors qu'il essayait de l'interrompre, le ton dit bien l'ironie. D'ailleurs, elle ne répète pas l'excuse la seconde fois, elle ne répète que le « *I am speaking* ». Ce n'est pas de cet usage que je parle. Si tu ne tiens pas à dire frontalement à quelqu'un qu'il marche sur tes plates-bandes ou qu'il se montre incorrect, c'est ton droit, mais si tu veux le faire, il y a une alternative plus convaincante que des excuses. Je te propose d'utiliser « je », plutôt que le « tu » accusateur, et de **parler de ton ressenti**. Un exemple serait : « Je ne me sens pas respectée quand tu me parles comme ça, et je mérite le respect. » Concrètement, personne ne peut venir discuter ton ressenti, il est vrai en tant que ressenti. Tu ouvres le dialogue sans te planquer ni être dans la confrontation. Je t'offre cette alternative pour initier un climat de paix mais, honnêtement, si quelqu'un te souffle dans les bronches et que tu veux lui dire sans autre forme de procès d'aller se faire cuire un œuf, tu me trouveras aussi de ton côté. Comme je le disais souvent dans mon ancien job, il y a des gens qui ne comprennent qu'avec des grands coups de marteaux sur la tête.

En bonus, revenons sur **les échanges d'e-mails**. Bien trop souvent, c'est aussi un endroit où les femmes se répandent en excuses, que ce soit explicitement ou implicitement. Utiliser le conditionnel, les « peut-être », les emojis ou les points d'exclamation en excès, c'est aussi une **forme d'atténuation du discours**, de **modalisation**. Et donc, encore une fois, c'est une façon de se faire toute petite et de déranger le moins possible. En vrac, voici quelques remplacements que je te propose de faire dès aujourd'hui dans tes mails :

- « J'espère que c'est clair ! » devient « Appelle-moi si tu as des questions. » ;
- « Je pense que, peut-être, il serait mieux que nous... » devient « Le mieux, c'est que nous... » ;
- « On se voit quand tu veux » devient « Est-ce que tu es disponible le XX ou le XX ? ».

Des milliers de PowHER girls utilisent déjà ces remplacements, qui sont issus de ma publication la plus likée sur Instagram. Alors, à ton tour !

GÉRER LES SEXISTES

Il y a fort à parier que tu as des collègues à qui ces changements pour t'affirmer ne vont pas plaire. Je ne vais pas te mentir : certains ne sont pas prêts à entendre des femmes parler. Certains pensent qu'ils doivent nous autoriser à parler et que, si nous posons nos limites, nous enfreignons la grande loi selon laquelle les femmes sont toujours disponibles, corvéables et à leur service. S'affirmer, c'est toujours un peu une transgression, au moins avec un certain type de personnes, bien trop conditionnées ou à leur aise dans notre société sexiste. Que ce soit du sexisme intériorisé ou pleinement revendiqué ne change pas grand-chose à l'affaire. En plus, s'il s'agit d'un changement pour toi et que tu commences à t'affirmer, il y aura ceux qui détestent le changement, quel qu'il soit. Voici mes meilleures astuces pour exprimer tes besoins et fixer tes limites face à ces personnes.

Le premier cas que j'ai rencontré en entreprise, c'est le ***manterrupteur.*** C'est typiquement un collègue masculin qui ne respecte pas les règles de prise de parole, parle au-dessus de tout le monde, surtout au-dessus des femmes. Il t'interrompt en pleine prise de parole en réunion, il parle alors que tu parlais à la pause, sans égard pour ta personne.

Ces personnes sont les plus urticantes pour moi. C'est pour ça que j'ai appris à les gérer rapidement, et surtout fermement. La première chose à faire est de **ne pas s'arrêter de parler**. Il s'est mis à parler après toi, donc c'est à lui de se taire. S'il n'est pas trop perdu pour la cause, il comprendra cette méthode encore subtile et se taira.

S'il est trop autocentré pour comprendre la subtilité, je te propose **la méthode Kamala Harris**. Comme j'en parlais précédemment, tu peux dire à la personne : « Je suis en train de parler et tu es en train de m'interrompre. » Quand je me sens l'âme charitable et patiente, j'ajoute : « Une fois que j'aurais fini, tu pourras me répondre et tout le monde pourra entendre au mieux ce qu'on a à dire tous les deux. » Je ne me sens pas souvent charitable avec ces gens-là.

Tu peux aussi **prendre à parti la personne qui organise la réunion**. En effet, c'est à elle que revient la gestion des prises et des temps de parole de chacun. Tu peux donc directement interpeller cette personne, en disant que tu ne peux pas exprimer une idée si tu es coupée et qu'il est important de laisser tout le monde parler et être entendu. Souvent, ça suffit à inviter tout le monde à respecter les uns et les autres.

Le deuxième cas contre lequel je veux t'armer, c'est le ***mansplainer***. Celui-ci m'amuse plutôt de nos jours, alors qu'il m'épuisait auparavant. Mais il est vrai que j'en croise de moins en moins. Le *mansplainer* est toujours en train de t'expliquer, mal, ce que tu sais déjà, voire ce que tu sais mieux que lui. J'en ai rencontré régulièrement en réunion commerciale, mais aussi en soirée. Pour changer un peu de contexte, laisse-moi te raconter la soirée où ce mot a été créé. Rebecca Solnit est l'autrice, entre autres, d'un livre sur le photographe Eadweard Muybridge. Dans une soirée, alors qu'elle discutait de ce sujet, un homme l'a interrompue et a insisté pour lui parler en long et en large d'un livre qu'il a lu sur ce photographe et que tout le monde devrait lire. Il insistait sur des faits, souvent mal compris par lui, sur la vie dudit photographe, sans jamais laisser la chance à Rebecca de lui dire qu'elle était l'autrice du livre. Le type a littéralement mal récité son livre à l'autrice !

Dans ce cas, ce que j'adore faire, c'est **faire parler la personne**, de plus en plus, et en posant beaucoup de questions sur le sujet. Souvent, le *mansplainer* est incapable de s'empêcher de broder et se lance dans des explications impossibles et très drôles. À la fin, soit il se rend compte de lui-même qu'il est allé trop loin et qu'il est ridicule, soit tout le monde autour de lui s'en est rendu compte. Dans tous les cas, c'est assez drôle. Et si tu tiens à faire de la pédagogie en corrigeant le malotru, c'est le seul moment où tu pourras le faire, étant donné qu'avant, il n'était pas disposé à t'écouter lui dire en quoi tu es plus compétente que lui à ce sujet.

Une alternative est de **lui demander quand il a appris l'information** qu'il essaye de te passer, surtout si c'est terriblement évident. Il l'a sûrement apprise récemment, pour vouloir étaler sa science comme ça. S'il se vexe et te dit qu'il l'a toujours su, tu peux lui demander pourquoi il croit alors que tu n'es pas au courant, puisque c'est si trivial.

☑ **Prendre ta place au travail, c'est comprendre que les codes professionnels ne sont pas ceux du milieu scolaire : revaloriser ton temps et tes compétences en apprenant à dire « non », poser tes limites face à tes collègues, profiter de tes succès pour demander ce que tu mérites et, si tu en as l'énergie, répondre aux sexistes. Tout ceci te permettra de te sentir plus respectée et épanouie au travail !**

Chapitre 3

METS-TOI EN AVANT !

Un mythe plus récurrent que l'histoire de Cendrillon, c'est l'idée que le travail sans publicité paye. Si je touchais un euro à chaque fois que quelqu'un me disait que les actions parlaient plus fort que les mots, ou qu'il fallait montrer par les actes et non les paroles qu'on méritait une promotion, je serais une des rares femmes dans le classement Forbes des millionnaires. Peut-être que toi-même, tu te dis que le plus court chemin vers le succès, c'est de la boucler et de bosser dur.

Encore une fois, c'est logique de penser ça, car c'est vrai pendant les études : le meilleur moyen de performer, c'est souvent de travailler beaucoup et dur et de ne pas se disperser en essayant de polémiquer. Mais, encore une fois, ça ne marche que dans cette situation, parce que les réponses sont la plupart du temps noires ou blanches. Au travail, les critères de réussite ne sont jamais aussi clairement établis : chaque personne peut les établir et les manipuler, avec plus ou moins de bonne foi.

Mais alors, quel est vraiment le chemin vers le succès et la reconnaissance au travail, si le travail seul ne suffit pas ? La réponse, dans le fond, tu la connais sûrement. C'est le point commun entre Coca-Cola, ton collègue Maurice-Louis qui obtient ce qu'il ne mérite pas tellement et PowHER ta carrière : **la publicité**. Attends, ne panique pas, je développe.

Coca-Cola est une marque mondialement connue. Au fin fond de l'Afrique ou à Singapour, sans même parler la langue, j'arrive toujours à acheter un Coca-Cola. Donc, à un moment ou à un autre, ils ont forcément travaillé pour trouver une recette qui plaise autant. Mais au-delà de ça, ils ont aussi fait énormément de publicité pour être connus dès leurs débuts, et ils n'ont jamais arrêté, même en étant déjà particulièrement connu et leaders du marché. À chaque Coupe du monde, chaque été, à chaque Noël, ils cassent la tirelire et ressortent une campagne de pub aussi chère qu'iconique.

Pour PowHER ta carrière, à son échelle, c'est exactement la même chose. J'ai passé beaucoup de temps, bien sûr, à créer du contenu et de la valeur pour mes abonnées et les femmes qui m'ont fait confiance depuis le début. Mais j'ai aussi fait l'effort de faire la publicité pour faire connaître ce contenu ; sinon, j'aurais juste continué à écrire pour les 400 femmes qui me suivaient au début. Et je ne serais pas en train d'écrire ce livre. Ce serait clairement dommage ! Dans mon cas, la publicité a consisté en quelques publications sponsorisées sur Instagram. Mais surtout, ma publicité, ça a été la capacité de me mettre en avant auprès de ma communauté et des autres créatrices de contenu, pour qu'elles repartagent mon travail.

C'est aussi la stratégie de ton collègue Maurice. Quand il a l'air de brasser du vent à la machine à café ou qu'il parle au chef après le meeting, il assure sa promotion personnelle. Pour autant, je t'assure que tu n'as pas besoin d'être antipathique comme lui pour te promouvoir.

MÈRE CASTOR, RACONTE-MOI UNE HISTOIRE

De quoi te souviens-tu le mieux : des histoires de ton enfance, ou de ton cours de maths de lycée sur les statistiques ? La logique, ce serait que tu te souviennes mieux des maths, parce que c'est plus récent et que tu entends quand même régulièrement parler de statistiques, presque tous les jours au journal télévisé, par exemple. Et pourtant, je suis certaine que tu te rappelles bien mieux des histoires de ton enfance, que ce soient des grands classiques de chez Disney ou des histoires de famille qui te sont propres. La raison à cela, c'est que **notre cerveau est programmé pour retenir des récits**. C'est d'ailleurs comme ça que le savoir s'est transmis pendant très longtemps. Tu ne peux pas aller à l'encontre de ce mécanisme humain. **La meilleure solution pour marquer les esprits, c'est de raconter une histoire** (p. 151). Et c'est valable pour l'entretien d'embauche, mais aussi au quotidien au bureau, en particulier pour l'entretien de performance.

Quelle est la recette d'une bonne histoire ? Il faut une héroïne ; c'est facile dans ce cas, c'est toi. Ensuite, il faut absolument une quête, un objet qui attire l'héroïne. Dans cette quête, pour faire vibrer l'auditoire, il faut des soutiens et des opposants ; je suis sûre que tu as déjà une idée du casting. Mais, selon ton destinataire et ce que tu racontes, c'est amené à varier. Ce que je t'ai décrit là s'appelle le **schéma actantiel** : c'est la base de toutes les histoires que tu connais, des grands films d'Hollywood aux ragots que ta grand-mère partage au téléphone avec toi.

Il y a un domaine qui n'est pas artistique et dans lequel cet outil est très utilisé : la politique. Un petit *disclaimer* avant de plonger dans l'exemple : je ne dis pas que c'est une bonne chose que nos politiciens fassent autant de rhétorique avec autant de maîtrise. Je vais juste expliquer et décoder un petit peu ce qui se passe.

Quand Emmanuel Macron fait un discours à la télévision et annonce des mesures sanitaires contre le Covid-19, il se pose en héros de cette histoire. Puis, il utilise le « nous », pour essayer d'obtenir notre soutien dans cette histoire. L'opposant, dans ce cas, c'est facile, c'est le virus qui empêche de vivre une vie normale. Et la quête, c'est de réussir à dépasser la pandémie. Maintenant, si tu réécoutes le discours, tu verras à quel point il est romancé et construit autour de ce schéma actantiel.

Pour un exemple moins controversé, en voici un tiré de ma propre vie. Très souvent, on me demande pourquoi je suis devenue ingénieure en mécanique. J'imagine que ça intrigue les gens parce que je suis une femme. Je pourrais donner une réponse très factuelle, j'étais douée en maths et c'est une bonne voie qui paye bien. Je pourrais dire que je n'en sais trop rien. À la place, j'explique que je rêve de devenir motoriste depuis toute petite et que ça me vient de mon père, qu'il me montrait le moteur de notre Renault Espace sur le parking de notre immeuble HLM, et que, quand j'ai compris comment ça marchait et que des explosions faisaient avancer la voiture, j'étais absolument fascinée et la fascination ne m'a jamais quitté.

Alors, tu ne préfères pas que je te raconte cette histoire ? Est-ce que tu ne vas pas mieux la retenir ? C'est ce que je t'invite à faire pour te mettre en avant. Ce qui t'a séduite, sûrement, c'est que je donne de ma personne, que tu apprends sincèrement quelque chose de plus sur moi. L'histoire me rend plus proche de toi et nous crée une connexion. Bien sûr, cette technique marche bien mieux si elle est sincère. C'est d'ailleurs ma première recommandation : **il ne faut pas mentir** en faisant du *storytelling*. Ce n'est pas éthique et, en plus, tu risques d'avoir l'air de manipuler tout le monde, ce qui horripile. La personne à qui tu parles ressent ton authenticité ou l'absence de celle-ci.

Ça peut te paraître très difficile, mais je t'assure que ce n'est pas le cas. **Envisage la façon dont tu parlerais à une amie** : tu ne serais pas en train de détailler les faits simplement les uns après les autres. Tu mettrais du **contexte**, du liant. Tu as déjà en toi l'habitude de raconter une histoire, je te demande juste d'utiliser le « je » et le « nous » un peu plus, pour te placer au centre.

C'est particulièrement vrai pendant l'entretien d'embauche et l'entretien annuel de performance, parce que dans ce cas, l'exercice, c'est justement de parler de toi. Et l'écueil, c'est de ne pas te démarquer aux yeux de la personne qui t'écoute, et qui enchaîne les entretiens : il lui faut des éléments pour se souvenir de toi parmi les autres. Pour ma part, quand je fais passer des entretiens, je trouve ça terriblement difficile de me souvenir de chaque candidat, surtout quand ils ont presque l'air de faire l'effort d'être le plus lisse possible. Parfois, je me retrouve à voir quatre hommes dans la journée, avec des noms scandinaves plus ou moins proches, plus ou moins blonds et qui ont plus ou moins la même coupe de cheveux et les mêmes vêtements. Si en plus, ils marmonnent le même parcours éducatif et les mêmes expériences, qualités et défauts, à la fin de la journée, je ne sais plus si j'ai préféré Martin, Anders, Peter ou Magnus.

Tu as déjà potentiellement un avantage : celui d'être une licorne. Nous en avons parlé avant : une licorne, c'est plutôt remarquable et distinctif. Mais c'était déjà un élément de *storytelling*, car c'était ma façon à moi de présenter ton unicité comme une chose remarquable et positive. De la même manière, tu peux essayer de **tourner une de tes caractéristiques**, vue comme un désavantage, **en ton argument choc** (p. 151). Combattre le mal par le mal, en d'autres termes !

Cette méthode pour te démarquer, tu peux l'employer pour retourner beaucoup de situations ! Parlons des **parcours non linéaires**. Il ne se passe pas une semaine sans qu'une abonnée ne me demande sur Instagram comment parler de tel ou tel élément de son parcours qui le rende non linéaire. Il semblerait que la chose la plus grave que tu puisses avoir fait, c'est d'avoir essayé plusieurs métiers, différents domaines d'études ou vécu dans différents pays. Évidemment, ce n'est pas du tout grave, parce que l'échec n'est pas grave en soi et parce que personne n'a jamais un parcours purement linéaire sur 42 ans de carrière.

Je vais t'inviter à **accepter ton parcours** tel quel et à **l'utiliser**, parce qu'il va faire le sel de ton histoire. Dans un parcours non linéaire, il y a tout ce qu'il faut pour le schéma actantiel. Tu vas pouvoir raconter des péripéties, les obstacles surmontés, l'adversité et les soutiens qui t'ont guidée. Les « défauts » de ton parcours le rendront distrayant, original et mémorable. Rappelle-toi : **tu es une série limitée** dans un monde de grandes séries !

C'est exactement la même chose pour les trous dans ta carrière. Déjà, sache qu'en dessous d'un an, personne ne compte ça comme un trou, car ce n'est même pas visible sur le CV. Au-delà d'un an, c'est sûr, un recruteur voudra savoir ce que tu faisais pendant cette période. Et toi, tu vas pouvoir lui raconter toutes les façons fabuleuses dont tu as occupé ton temps, et le sens dans lequel cela t'a permis d'évoluer ; tu vas pouvoir le bluffer !

Il est temps de nous attaquer à un cas d'absence à part : **le congé maternité**. Beaucoup de mères ne savent pas quoi en faire sur le CV. D'abord, je veux préciser d'entrée de jeu que la pression que la société met sur les femmes et sur les mères à ce sujet est honteuse. Clairement, il nous est imposé d'avoir des enfants dans une période donnée. Trop jeune, ce n'est pas bien, trop vieille, c'est mal, et celles qui décident de ne pas en avoir sont des sorcières qui sûrement cuisinent les bébés dans leur four. En plus, si nous avons décidé d'en avoir, la société fait tout pour que nous ne puissions rien faire d'autre, et que nous arborions constamment cet air benoîtement épanoui de la bonne matrone. Évidemment, ce n'est pas juste du tout et c'est l'expression la plus forte du sexisme au bureau, pour les mères comme pour les nullipares. Raison de plus pour en parler, et bien en parler ! **Le temps que tu as passé avec tes enfants n'a pas à être perçu comme du temps perdu** du point de vue de ta carrière. Tu as certainement **appris** énormément de choses sur toi pendant ce temps, mais aussi acquis des compétences indispensables au bureau et dont beaucoup manquent. Par exemple, tu es maintenant une **gestionnaire de projet** très expérimentée : gestion du temps, plan de contingence en cas de non-respect des *deadlines*, gestion des stocks et des ressources... Tu es aussi sûrement une bonne **commerciale** : mise en valeur des produits purée, compréhension du besoin-client explicite et implicite, adaptation à un client changeant... Je pense aussi que beaucoup de mères font de très bonnes **managers d'équipe** : gestion des conflits, sens des priorités, analyse fine de la situation, prise de décision, médiation... Et là-dessus, je peux ajouter plein de qualités utiles dans n'importe quelles circonstances au travail : résistance au stress, patience, endurance, *multitasking*, adaptabilité... Sais-tu que ce sont les compétences qui sont requises pour les soldats dans la Légion étrangère ? Maintenant que j'y pense, c'est l'une des rares professions où l'entraînement se passe en partie en privation de sommeil. Un autre point commun avec ton expérience !

Bref, comme tu l'as compris, ta manière de raconter ton histoire personnelle peut t'aider à te mettre en avant. Si tu trouves encore cela difficile, laisse-moi te proposer un exercice : **écris la bande-annonce de ta vie** façon film d'Hollywood. Tu as tout ce qu'il faut pour faire un film oscarisé, j'en suis convaincue ! Et si tu as besoin d'encore un peu d'inspiration, peut-être que le début de ce livre, où je parle de mon syndrome de l'imposteur, est un autre exemple glissé de *storytelling*...

N'oublie pas que, comme pour tout, **tu t'améliores en pratiquant**. Et tu vas en avoir l'occasion à plein de moments au bureau : pause-café, déjeuner, discussion banale sur le week-end, meeting... Tu as les bonnes antennes pour savoir quand te taire et quand parler de toi, je n'ai pas d'inquiétude là-dessus. Et puis, même si c'est pour écouter et que tu ne trouves pas le moment pour parler de toi, **ne saute pas les pauses-café en entreprise**, ça te servira à long terme !

AU TOUR DES CHIFFRES

Je t'ai longuement décrit comment tu pouvais parler de toi et utiliser le langage, la rhétorique et le *storytelling* pour faire ta publicité. Mais il y a une dimension importante que je n'ai pas encore abordée : le pouvoir des chiffres.

J'en vois qui paniquent déjà devant leur livre, avec des souvenirs fiévreux de cours de maths. Certaines lèvent même un poing vengeur en se souvenant que je suis ingénieure, donc amie des maths, et qu'on ne peut pas faire confiance à quelqu'un qui met des lettres dans des équations pour parler de rhétorique. Baisse ce poing : c'est promis, je ne vais pas te forcer à faire des maths. Je vais te parler du **pouvoir que les chiffres ont pour convaincre**.

Il est un chiffre qu'on voit partout en ce moment et depuis plusieurs années : le chiffre de la dette. Que tu sois friande d'économie ou non, tu as vu ce chiffre, puisqu'il est dans les discours de nos politiciens comme dans les commentaires des analystes politiques et économiques. Il est parfois exprimé en pourcentages – 115,7 % du PIB – ou en valeur absolue – 2 650 milliards d'euros[13]. Dans tous les cas, le but de l'expression de ce chiffre est de nous montrer un montant astronomique et un pourcentage au-delà de 100 %, pour créer un sentiment de peur et d'urgence autour du remboursement de cette dette.

Les chiffres sont partout autour de nous quand il s'agit de convaincre : ils sont très largement utilisés par les politiciens, par exemple. **Chaque discours se compose de *storytelling* saupoudré de chiffres.** Les chiffres, ça rassure, ça fait **sérieux** et **factuel**. Même si un chiffre ne porte pas forcément sa véracité en lui. Dit autrement, ce n'est pas rare que les chiffres soient utilisés pour nous manipuler en donnant une version choisie des faits, car la personne utilise le chiffre qui l'arrange, voire ment, tout simplement. Je suis sûre que des exemples te viennent en tête !

Par conséquent, les chiffres peuvent aussi t'être utiles. En particulier quand tu passes un entretien d'embauche, ou dans ta revue de performance annuelle : ils aideront ton destinataire à croire en ton histoire et à mieux la cerner. Alors, de quel chiffre parle-t-on ? Évidemment, **l'argent** en entreprise, c'est toujours très parlant. Si tu es commerciale, tu peux mentionner des **chiffres de vente**, le ticket moyen de tes clients… En tant que cheffe de projet, tu peux illustrer la **taille des projets** que tu gères rien qu'en mentionnant l'argent que le projet rapporte, ou les montants avec lesquels tu jongles. Une autre facette de l'argent, c'est de parler des **économies que tu as fait faire** à ton entreprise par ta bonne gestion.

Mais l'argent n'est pas le seul chiffre que tu peux mentionner. Les **pourcentages** sont aussi très appréciés : pourcentage de conversion client, pourcentage de croissance, pourcentage de

13. Session ordinaire de l'Assemblée nationale 2020-2021, mercredi 16 juin 2021.

clients satisfaits… Cousin des pourcentages, il y a les **nombres absolus** : nombre de dossiers traités, nombre de personnes servies, nombre de visites à domicile… Peu importe ton métier, il y a toujours une dimension qui peut se **quantifier**, et donc s'exprimer dans le discours par un nombre (p. 151).

Beaucoup de mes coachées se sentent souvent bloquées par les chiffres, avec l'idée que c'est un truc de commercial. R., qui travaille comme responsable RSE[14] dans une grande entreprise, ne voyait pas quel nombre utiliser pour se mettre en valeur dans son entretien annuel. Tout d'abord, elle est la 1re responsable RSE de son entreprise. Dans les six mois où elle a été en poste, elle a édité un guide de 60 pages pour former 150 collaborateurs du groupe. Elle a aussi organisé 13 sessions de travail avec les 40 chefs de produit pour les sensibiliser aux différents enjeux environnementaux. Bon, j'imagine que tu as compris, R. a clairement fait un tas de choses qui peuvent être exprimées par quelques chiffres bien choisis. Je suis certaine que, toi aussi, tu peux trouver ce genre de chiffres-clés te concernant.

Peut-être même que ces chiffres existent déjà en tant qu'objectif personnel, ou *Key Performance Index*, les fameux KPIs. Si tu as un système d'objectifs ou de KPI dans ton entreprise, et encore plus si un bonus y est attaché, alors il va vraiment falloir copiner avec les chiffres, parce que tant que tu les bouderas, tu laisseras quelqu'un d'autre fixer des objectifs impossibles pour toi ou les utiliser contre toi, notamment pour que tu ne reçoives pas ton bonus. Par conséquent, il est important que tu aies toi-même une conscience aiguë des chiffres-clés qui illustrent ton travail quotidien, ainsi que des valeurs associées qui sont

14. Responsabilité sociétale des entreprises : la personne qui occupe ce poste veille à sensibiliser et à engager son entreprise sur les questions de développement durable.

du domaine du réalisable. Ce sera un élément de négociation avec ton ou ta manager dès ta prise de poste, mais encore plus en entretien annuel, pour choisir les objectifs de l'année à venir qui te conviendront.

Un dernier conseil pour affiner l'usage des chiffres : **évite de donner des chiffres ronds**. Tu te souviens de mon exemple sur le chiffre de la dette ? Il est rare que ceux qui l'énoncent l'arrondissent, qu'il s'agisse du pourcentage rapporté au PIB ou de la valeur absolue. Ainsi est fait l'esprit humain, si tu donnes un compte rond, le cerveau l'analyse comme un chiffre sorti de nulle part et y accorde peu de crédit. Si nous voyons un chiffre avec des virgules ou qui ne finit pas par zéro, notre cerveau a tendance à le voir comme le résultat d'un calcul, et donc quelque chose de fondamentalement réfléchi et factuel. Ainsi, même lorsqu'on déteste les maths, on y accorde toujours plus de crédit qu'on ne le voudrait !

MANAGE TON MANAGER

S'il y a bien une personne auprès de laquelle tu peux avoir envie de te mettre en valeur, c'est bien ton ou ta manager. Eh oui, cette relation peut faire ou défaire une vie professionnelle, en tout cas sur le moment ! Alors, *disclaimer* immédiat : ta ou ton manager peut être idiot, sexiste, raciste ou autres joyeusetés. Et s'il ne peut pas dépasser ses préjugés et apprendre, alors il faudra le traiter comme un collègue hostile ou toxique, comme j'en ai parlé précédemment.

Ici, j'envisage uniquement le cas du manager qui n'est pas foncièrement contre nous. Le but du jeu, c'est d'**en faire un allié**. Parfois, c'est facile, c'est quelqu'un qui partage nos valeurs, se montre bienveillant et de bons conseils, et parfois c'est bien plus dur, parce qu'il ne partage pas nos valeurs. Soit dit en passant, le meilleur conseil que j'aie jamais reçu à ce sujet, c'est qu'**il ne faut pas choisir son entreprise, mais son manager**.

Je vais donc t'expliquer comment tu peux manager ton ou ta manager. L'astuce, c'est d'**envisager ton manager comme un client**. Si tu n'es pas en contact avec des clients et que tu ne vois pas ce que je veux dire, alors disons que tu vas envisager ton manager **comme un enfant**. Quand la relation avec ton client ne fonctionne pas, il ne sert à rien de rester assise à te dire qu'il est idiot. Tu as peut-être raison et lui tort, néanmoins, le savoir toute seule dans ton coin ne t'aide en rien. Ce qu'il faudrait plutôt savoir, c'est **comment il fonctionne**, qu'est-ce qui lui parle et le motive.

Dans mon cas, je voulais obtenir de mon manager le droit de travailler d'où je voulais. Je n'ai jamais trop compris l'intérêt d'être posée dans un bureau avec des horaires fixes chaque jour, alors que j'ai des clients sur cinq fuseaux horaires différents et des voyages d'affaires fréquents. En plus, certains jours, je suis prise de migraine et la seule chose dont je rêve, c'est de travailler tranquillement dans l'obscurité et le silence de mon appartement, avec un énorme café *latte*. Et pour finir, le premier jour de mes règles, je suis prise de nausées et de douleurs intenses dues à mon endométriose, encore mal stabilisée. Dans ces cas, je peux soit travailler sur des tâches simples depuis chez moi, soit me mettre en congé maladie, parce qu'aller au bureau n'est clairement pas une option. Donc, entre le plaisir de travailler de Paris, d'Athènes ou de mon salon, le besoin de calme et mes maladies chroniques, j'ai plein de raisons de vouloir travailler d'où je veux et fréquenter assez peu le bureau. Je précise aussi que, lorsque je vais au bureau, je suis très sociable : ce que je ne donne pas en quantitatif, je le compense largement en qualitatif. Mais mon chef, pourtant plutôt sympathique et compréhensif par ailleurs, était bloqué là-dessus. Au-delà d'un jour de télétravail dans la semaine, il commençait à râler. Et d'années en années, c'était le seul *feedback* négatif que je recevais : il souhaitait me voir plus au bureau.

J'étais tentée d'exposer à nouveau mes arguments rationnels, de proposer un arrangement avec des dates fixes où je suis au bureau, de faire remarquer que c'étaient surtout les voyages d'affaires qui me tenaient éloignée d'eux, rien à faire : il coinçait là-dessus. À ce niveau-là, il devenait évident que ce n'était plus vraiment un refus rationnel. Alors, j'ai plutôt essayé de lui poser des questions pour comprendre ce qui l'embêtait. Et j'ai découvert que lui-même, en quarante ans de carrière, n'avait jamais travaillé depuis sa maison. Dans le fond, les trois choses suivantes l'embêtaient : il n'avait aucune idée de comment quelqu'un pouvait travailler chez lui et être pleinement concentré ; il craignait que la qualité du travail baisse en conséquence, et il pensait qu'en me laissant faire, il ne me verrait jamais et que ce serait catastrophique pour la cohésion d'équipe.

Une fois que je connaissais le problème, je pouvais le résoudre. Tout d'abord, j'ai arrêté de travailler chez moi pendant deux semaines. Je venais au bureau et je passais du temps à sociabiliser, notamment en disant longuement bonjour le matin et en échangeant avec lui et les autres. Ça a resserré les liens entre moi et le reste de l'équipe. J'ai aussi commencé à lui envoyer le compte rendu des tâches que j'avais faites dans la semaine par mail, sous la forme de *bullet points*. Il le recevait tous les lundis matin, avant la réunion commerciale. À chaque fois, il me répondait par mail qu'il était content de voir que je faisais tant de choses indispensables pour l'entreprise.

Ensuite, j'ai commencé à travailler quelques jours épars chez moi. À nouveau, j'envoyais le traditionnel récapitulatif de la semaine, mais maintenant, il était plus long. Le message n'était pas si tacite : « J'en fais plus à la maison au calme, fais-moi confiance. » Les jours où j'étais à la maison, j'appelais mon chef en visio pour une question sans trop d'importance, ou même pour prendre le thé. Il a pris l'habitude aussi de m'appeler pour rien, juste pour me demander si j'allais bien, et j'en profitais pour lui montrer que j'avais un bureau dédié au travail chez moi. Il a aussi pris conscience qu'un appartement de centre-ville, sans deux enfants et sans chien, c'est vraiment calme. Au bout du compte, quand j'ai à nouveau mis ma requête sur la table, c'est passé comme une lettre à la poste. Il m'a juste fait promettre de ne pas cesser de les appeler en visio, mes collègues et lui-même, pour ne pas perdre le lien. En retour, j'ai même instauré une pause collective de l'équipe, pendant laquelle ils peuvent tous prendre un thé avec moi, que je sois au bureau ou virtuellement. Au bout du compte, il a même commencé à travailler un peu depuis chez lui et a reconnu que c'était agréable et efficace, et qu'il continuera à le faire au moins un jour par semaine, pour être au calme et se concentrer sur des tâches longues. Et il m'a demandé des conseils de bureau pour être bien installé.

C'est ce que j'entends par l'idée de manager son manager. Si tu fais face à un mur, il y a au moins quatre méthodes différentes pour passer de l'autre côté : faire un trou dedans, passer au-dessus, creuser en dessous ou le contourner. Manager son manager, c'est patiemment creuser sous le mur. Ça peut être long, mais si tu as déjà essayé la méthode directe, alors c'est ce qu'il te reste de plus efficace. Et puis, tu ne perds rien à essayer de **comprendre les motivations de ton chef**, en n'oubliant pas que celles-ci ne sont pas toujours pleinement rationnelles. Après tout, tout le monde est humain, même ton manager !

CONSTRUIRE TA TEAM

Au-delà du manager, tu interagis avec bien d'autres personnes au travail. Heureusement, tous les collègues ne sont pas d' horribles personnes, comme le *mansplainer* et le *manterrupteur*. Il se peut même que tu aies pensé plusieurs fois dans ce livre à partager des conseils et des outils avec des collègues. C'est très généreux, et je suis sûre que ce livre peut faire un très bon cadeau (clin d'œil lourd de l'autrice) ! Il est temps que j'aborde **l'entourage positif**. Je pense sincèrement qu'une clé du succès, dans ta carrière, c'est d'avoir la bonne *team* autour de toi. Je ne parle pas uniquement du travail, d'ailleurs, ni uniquement en tant que leader de cette équipe. Comme un sélectionneur choisit ses joueurs pour l'Euro de foot, je pense que tu peux choisir tes alliés pour ta carrière. Tu peux décider que tu veux être l'attaquante de ton équipe ou la meneuse de jeu, mais tu ne peux pas tout faire ni occuper tous les postes, sinon, le match ne sera pas glorieux !

La bonne nouvelle, c'est que **les bons alliés sont autour de toi**. Quand je parle de réseau, les gens s'imaginent toujours devoir aller dans un hôtel boire du champagne tiède et trop cher avec des cravatés. Par conséquent, personne n'a envie de le faire. Alors que pour moi, ces événements de *network* sont le pire endroit pour faire du réseau. Tout le monde est là en requin, chacun veut quelque chose et ne cherche pas du tout à donner en retour, ce qui est la base de tout réseau qui fonctionne. Le vrai réseau, c'est celui de **tes amis**, de **tes connaissances**, de tes **anciens collègues ou collègues actuels** : des gens que tu apprécies et qui t'apprécient en retour. Ils ont peut-être même déjà fait quelque chose pour toi ou, mieux encore, tu les as peut-être déjà soutenus. Dans tous les cas, ces gens-là constituent un réseau bien plus intéressant que mille cartes de visite quasi anonymes que tu pourrais récupérer dans différents événements. Pour ma part, j'ai trouvé mon premier travail en Suède de cette façon-là : j'en ai parlé à un ami rencontré dans un cours de danse. Il a ensuite parlé de moi à un contact de son entreprise et m'a recommandée. Ce contact ne pouvait pas m'embaucher, mais il voulait quand même m'aider au nom de son collègue. Il a donc transmis mon CV à deux autres entreprises, qui m'ont immédiatement proposé du travail !

Et ça marche dans tous les secteurs ! M., une PowHER girl kinésithérapeute qui travaille dans le sport, a déniché son travail actuel dans une fédération, parce qu'elle a parlé de son rêve à sa grand-mère. Elle connaissait quelqu'un qui travaillait à l'INSEP[15], même si ce n'était pas exactement dans la bonne division. De proche en proche et en saisissant différentes opportunités, M. a pu faire des stages dans la bonne fédération, puis quelques heures, jusqu'à y être pleinement intégrée.

Le réseau, c'est donc à la fois puissant, indispensable et déjà à ta portée. Si tu souhaites quand même le compléter un peu par les voies classiques, il est important de maintenir **ton profil LinkedIn** à jour et d'y ajouter les différentes personnes que tu apprécies et avec qui tu veux garder un contact personnel. Je peux aussi te recommander les **associations professionnelles**. J'ai une affection particulière pour les **associations de femmes** dans chaque secteur, surtout si tu es dans une industrie masculine. Il peut même y en avoir une directement dans ton entreprise, comme chez EDF ou Volvo, où elles proposent conférences et mentorat.

Le mentor est d'ailleurs une personne clé de ton équipe. Le mien, je l'ai rencontré dans mon premier travail en Suède.

15. L'Institut national du sport, de l'expertise et de la performance.

En discutant à la machine à café, à une époque où il était un peu en disgrâce, j'ai découvert quelqu'un de très intéressant et qui avait beaucoup à m'apprendre. Six ans plus tard, il est directeur de la stratégie et vient de me trouver un poste pour le rejoindre dans cette aventure. Entre-temps, il a été une source de **réconfort** quand je doutais, de **conseils** quand je ne savais pas gérer une situation et de **soutien** quand je prenais des risques. Voilà ce qu'un mentor peut t'apporter, pour peu que tu lui proposes ce genre de relation ! Ce n'est souvent pas plus compliqué que ça : il faut **demander à quelqu'un dont on voudrait apprendre de nous laisser le faire**, et poser le cadre de la relation que l'on souhaiterait avoir. Un appel une fois toutes les deux semaines peut convenir, si tu ne sais pas quel cadre suggérer. Le mentor, c'est la personne vers laquelle tu peux te tourner **pour poser des questions sur ta carrière**, sans crainte le ridicule ou la compétition. Que ce soit pour savoir comment évoluer dans ton poste, quelles attentes salariales avoir ou comment résoudre un conflit, ton mentor pourra t'écouter et répondre à tes questions. Et si cette seule personne ne peut répondre à toutes tes questions, alors elle pourra te faire bénéficier de son réseau pour trouver les réponses !

Un réseau, une équipe, ce sont **des gens qui t'apportent quelque chose, mais auxquels tu apportes aussi quelque chose**. Si ton mentor se contente sûrement de l'idée de soutenir quelqu'un de plus jeune qui lui ressemble et accède à un *ego boost* du fait d'enseigner à quelqu'un, pour tes jeunes coéquipiers, j'ai une autre idée. Est-ce que tu as entendu parler du concept de ***sponsoring***, venue du monde de l'informatique ? L'idée, c'est de te positionner en soutien de la proposition de ton alliée. Par exemple, ma collègue D. propose une nouvelle idée de marketing. Les autres collègues ne semblent pas enthousiastes ou n'ont pas vraiment écouté. Je vais interpeller tout le monde : « Est-ce que vous avez entendu la proposition de D. ? Je pense que c'est une excellente idée et que nous devrions faire ce qu'elle propose. Merci, D., pour cette idée ! Vous en pensez quoi, vous autres ? » Le *sponsoring*, c'est une méthode géniale pour peser plus lourd. C'est le contraire de l'appropriation du savoir et du travail d'autrui, c'est vraiment **la mise en valeur du travail de l'autre** ! Essaye avec les collègues que tu préfères, et tu verras leur réaction. Elles se mettront à le faire en retour, et **vous serez toutes bien plus visibles, dans un grand esprit de sororité et de *girls club*.**

☑ **Si tu utilises la publicité, manies le *storytelling* et les chiffres, tu parviendras à mieux faire entendre tes arguments et à te démarquer. Utilise également la force de l'équipe : une bonne relation avec ton ou ta manager, l'accompagnement d'un ou une mentor, la solidarité et la confiance entre collègues font toute la différence dans le milieu professionnel !**

Chapitre 4

NÉGOCIE TON SALAIRE !

Tout l'objectif de cette partie vise à **te mettre en valeur**, dans le but d'attirer à toi les opportunités que tu mérites. Que tu aies déjà négocié ton salaire ou que tu n'y sois jamais parvenue, je vais te guider petit à petit, avec l'aide des bonnes bases que nous avons déjà établies ensemble, pour que tu apprennes à négocier en étant aussi à l'aise que possible, et surtout avec succès.

Mais, tout d'abord, pourquoi beaucoup de femmes ne négocient-elles pas leur salaire ? Toutes les études le montrent, les femmes négocient leur salaire dans des proportions deux fois moins importantes que les hommes[16]. Très souvent, elles n'aiment pas le faire par peur du conflit, de l'échec, d'être désagréable… Tout cela est lié à la peur de l'échec, au syndrome de l'imposteur et au syndrome de la bonne élève. Donc, si tu as bien lu jusqu'ici, tu devrais déjà être moins concernée par ces craintes. Et tant mieux ! Car le fait que **les femmes négocient moins** et moins souvent leur salaire est une des raisons de l'**écart salarial dans les entreprises**. Qu'on ne me fasse pas dire ce que je n'ai pas dit : ce n'est en rien de notre faute. Il s'agit d'un conditionnement social imposé aux femmes depuis l'enfance. Ce serait gros de le leur reprocher, et ne pas voir en cette absence de confort autour des questions d'argent et des négociations de salaire une des conséquences du sexisme. Même celles qui comprennent leur valeur et souhaitent négocier se retrouvent souvent démunies, ne sachant pas comment faire. Mais pas toi, parce que tu vas apprendre ici !

16. Eurostat, « The life of women and men in Europe : a statistical portrait », 2017.

CONNAÎTRE TA VALEUR

Pour préparer une négociation de salaire de la meilleure des manières, que ce soit lors de l'entrée dans un poste ou lors d'une discussion annuelle, **il faut que tu saches précisément ce que tu veux demander**. Souvent, le meilleur moyen pour cela, c'est d'avoir une idée de **ta valeur sur le marché** (p. 152).

Il y a plusieurs moyens d'estimer la fourchette dans laquelle ton salaire devrait se trouver. En premier lieu, tu peux consulter les **statistiques de l'APEC**[17], si tu es cadre. Si tu es récemment diplômée, tu peux regarder les **statistiques des salaires de sortie de ton école**, à un an et à cinq ans de la sortie. Dans certains pays, comme en Suède, les syndicats tiennent aussi des statistiques très utiles en fonction de l'âge et de l'expérience. Un autre site qui peut beaucoup t'aider, surtout si tu vises une grande entreprise, c'est **Glassdoor**. Sur ce site, tu peux retrouver des statistiques de salaire, mais aussi des revues sur l'environnement de travail. Ça peut aussi t'éviter de tomber sur une entreprise toxique.

J'ai aussi deux méthodes un peu moins conventionnelles à te proposer. La première, c'est de **regarder des offres d'emploi similaires** à celui que tu occupes ou que tu vises. Le salaire n'est pas toujours indiqué, mais quand c'est le cas, c'est la méthode pour savoir ce que le marché est prêt à mettre sur la table. C'est une des raisons pour lesquelles, même si tu ne cherches pas de nouvel emploi, ça vaut toujours le coup d'**être à l'écoute du marché**.

La deuxième méthode des malines, c'est de **parler salaire avec tes collègues**. Ça peut te paraître fou, mais ça ne l'est pas du tout.

17. L'Association pour l'emploi des cadres.

En premier lieu, il y a des entreprises éthiques qui décident aujourd'hui de rendre les salaires complètement transparents. Ainsi, tout le monde sait ce que les autres gagnent, y compris le PDG, et le système en devient plus solide et juste pour tout le monde. Mais si tu travailles pour une des nombreuses entreprises qui n'ont pas encore sauté le pas de la transparence, tu peux l'organiser à ton profit et à petite échelle. La vérité, c'est que seul ton patron bénéficie de ce secret organisé. Toi et tes collègues, au contraire, avez tout intérêt à savoir où en sont les autres pour rétablir la justice au besoin. Souvent, ce n'est pas plus compliqué que de proposer un marché : je te communique mon salaire si tu me communiques le tien. Évidemment, mieux vaut commencer par faire ce marché avec quelqu'un avec qui tu as de bons liens, plutôt qu'avec le collègue qui te casse les pieds toute l'année. Tu peux aussi contacter des collègues qui ont récemment quitté l'entreprise, ils n'ont souvent plus trop de raisons de faire des cachotteries.

Une de mes coachées, M., pousse l'audace plus loin : étudiante, elle a posé la question du salaire sur LinkedIn. Alors, évidemment, elle ne contactait pas les gens en leur demandant combien ils gagnent directement. Elle disait l'intérêt qu'elle avait pour leur métier et demandait si elle pouvait en discuter avec eux. Ensuite, dans le cadre de la conversation, après plein de questions sur le métier, elle en venait à demander combien elle pouvait s'attendre à gagner dans cette profession. Elle recevait des réponses honnêtes et qui se recoupaient beaucoup d'une conversation à l'autre. Je te recommande vraiment d'essayer la méthode de M., que je trouve particulièrement élégante. Les gens adorent parler d'eux, donc ils seront ravis de tout te raconter !

Une fois que tu as trouvé différents chiffres, il te reste à les croiser, pour voir leur cohérence et réduire ainsi ta fourchette. Tu peux ensuite décider, en fonction de ton expérience, du prix que tu veux obtenir. Ce chiffre est **ton prix-cible**. Ensuite, pour pouvoir mener au mieux la négociation, il te faut connaître le chiffre que tu vas annoncer. Celui-ci doit être supérieur à ton prix-cible, pour te donner une marge de négociation. Si tu n'as aucune idée de combien, laisse-toi **10 % de marge** : ainsi, tu pourras donner l'impression de faire preuve de bonne foi en lâchant quelque chose.

Le dernier chiffre qu'il te faut est ton *rock bottom* : **le chiffre en dessous duquel tu refuses la proposition**. C'est le chiffre qui te vexera tellement que ce travail n'en vaut pas la peine. Je t'assure que tu en as un : tu ne travaillerais pas gratuitement, même pour ton job de rêve, n'est-ce pas ? C'est important de connaître ce chiffre, parce que si tu venais à accepter n'importe quelle offre, tu risquerais surtout d'en nourrir de la rancœur, une fois en poste.

Voilà, tes chiffres sont prêts !

TRAVAILLER TON ARGUMENTAIRE

C'est là que tous les éléments que nous avons mis en place vont vraiment te servir. Pour préparer ton argumentaire, tu vas pouvoir piocher dans les chiffres dont je parlais précédemment. C'est pour ça que la négociation de salaire se combine particulièrement bien avec ton entretien de performance. Ton chef et toi allez discuter de toutes les choses formidables que tu as faites et vous allez vous mettre d'accord dessus. Ensuite, il devient presque logique d'embrayer sur la question financière.

Mais **tu peux évidemment demander une négociation de salaire à tout moment dans l'année**, notamment après un compliment ou un succès marquant au travail : une raison de plus de ne pas refuser les compliments que tu reçois et de savoir dire « oui ».

Tu vas aussi pouvoir nourrir ton argumentaire de la **liste de tes accomplissements** (p. 152), que tu as construite tout au long de l'année. C'est le moment de regarder de plus près tout ce que tu as pu apporter à l'entreprise. N'hésite pas à le dire, car **dans une négociation, ce qui n'est pas dit n'existe pas**. Même s'il te semble que ton chef sait, qu'il en a lui-même parlé, la mauvaise foi ou la mauvaise mémoire peuvent faire des dégâts. C'est donc mieux si tu le mets dans ton argumentaire, quitte à t'appuyer sur une remarque précédente de ton manager. Tu peux, par exemple, lui faire noter que les clients sont toujours contents de la façon dont tu t'occupes d'eux et que c'est lui qui te l'a fait remarquer il y a deux semaines.

Je voudrais m'arrêter sur un argument des employeurs qui revient très souvent et que tu peux te préparer à contrer. Chaque année et dans tous les secteurs, il y a toujours **l'argument de la crise**. En gros, ton chef veut bien concéder que tu as raison, que tu mérites cette augmentation, mais tu vois, malheureusement, ce n'est pas possible avec la conjoncture actuelle et la crise en cours, ou qui se profile, ou qui vient juste de passer. Bref, la crise est toujours là dans les arguments et elle a bon dos. Je te propose, s'il s'agit d'une crise réelle et tangible, de contourner l'argument en disant que justement, du fait des licenciements ou des réductions d'effectif, tu dois assumer le travail de plusieurs personnes. Tu le fais d'ailleurs avec talent et abnégation depuis un certain temps et c'est pour ça que tu mérites cette gratification supplémentaire. Si cependant, il s'agit d'une crise fictive, quelques chiffres bien choisis sur les résultats de l'entreprise ou du secteur dans lequel tu travailles devraient suffire à calmer la mauvaise foi.

TU AS LE POWHER !

Je sais bien que, même avec toute la méthode du monde, même en te rendant compte que ce livre entier t'a préparée pour ce moment, pour le nerf de la guerre qu'est l'argent, tu doutes encore de pouvoir négocier ton salaire. Tu te dis qu'une fois au pied du mur, eh bien, tu te rendras surtout compte que le mur est haut, dur et solide.

Bien sûr, **il faut croire en soi pour négocier sa valeur**. Je suis désolée, je n'ai pas d'astuce pour contourner ça : tu ne peux pas négocier avec ton saboteur intérieur pendant que tu négocies avec ton supérieur. Outre le fait que tu gaspilles de l'énergie, il faudrait peut-être éviter d'arriver dans ce match avec le handicap du syndrome de l'imposteur.

Voici quelques astuces pour un *shot* rapide de confiance, si ton moral flanche et que ton syndrome de l'imposteur essaye de repasser la tête par la porte. Ces astuces ne remplaceront pas un travail sur le long cours, c'est d'ailleurs pour ça que j'ai commencé par les chapitres précédents. Mais elles peuvent donner un regain d'énergie dans un moment difficile, tout comme un sucre te redonne de l'énergie dans un match de tennis, mais ne remplace pas la préparation nécessaire pour Roland Garros. Tout d'abord, avant le rendez-vous et une fois la préparation faite, tous les coups sont permis contre ton syndrome de l'imposteur. Tu peux revisiter tes notes prises au cours de la première partie et ressortir ton mantra, te toper dans la main dans le miroir, repenser à la notion de licorne, relire la lettre pour le toi qui doute…

Tu peux aussi en profiter pour mettre en place des petits *boosts* en plus. Appelle ton amie qui est très enthousiaste pour tout et demande-lui de faire ta pompom girl ! Si la musique coule dans tes veines, tu peux retrouver la playlist de PowHER ta carrière sur Spotify et Deezer. Elle a été composée par toute la communauté, avec pour mission de donner la gagne !

Juste avant la négociation, tu peux aussi adopter les *power* postures étudiées par Amy Cuddy. De premières études semblent montrer qu'elles nous feraient nous sentir plus fortes et plus confiantes. Une des postures en question est celle de Wonder Woman : mains sur les hanches, pieds plantés solidement dans le sol à largeur de la taille. Si Rocky te plaît plus, tu as aussi la possibilité d'une pose avec les bras en V au-dessus de ta tête, comme si tu avais déjà gagné le match de boxe. En reproduisant ces poses debout devant un miroir, l'effet est plus évident. Les neurones miroirs de ton cerveau viendraient à s'activer et par conséquent, ton cerveau commencerait à croire en ta force.

Si tu es moins inspirée par le fonctionnement du cerveau, je peux te recommander de **faire la liste de ce à quoi cet argent gagné te servira concrètement** (p. 122). Est-ce que tu le placeras pour avoir un apport pour ton premier appartement ? Est-ce que tu en feras un don à une association que tu apprécies particulièrement ? Est-ce que tu comptes acheter une voiture ou payer ton prêt étudiant ? Dans tous les cas, je suis certaine que cet argent sera mieux dans ta poche, où il fera une plus grande différence, que dans celle de ton patron.

QUELQUES MOTS SUR LE RENDEZ-VOUS EN LUI-MÊME

Ça y est, c'est le moment d'y aller ! Tu es peut-être stressée. Ce n'est pas grave, **tu es bien préparée et ça va bien se passer**. Pense tout de même à apporter une gourde d'eau, ou demande un **verre d'eau**. Avec cette astuce, tu pourras **temporiser** les échanges quand tu en as besoin, faire une pause pour réfléchir. Tu n'es pas obligée de boire pendant cette pause, mais je sais que pas mal de débutantes en négociation sont terrifiées par le silence. Au moins, quand tu bois, ce n'est pas vraiment un silence, n'est-ce pas ? En plus, si tu es stressée et que tu as la gorge sèche, ça t'évitera de stresser encore plus et de te sentir mal à l'aise.

N'oublie pas de te féliciter d'entreprendre cette démarche : je t'assure que que tu peux être fière de toi et ajouter « négocier mon salaire » à la liste de tes accomplissements, peu importe le résultat. Tu vas entreprendre quelque chose qui te faisait peur, ce qui en soit fait de toi quelqu'un de courageux, quelqu'un qui se fait passer en priorité dans sa vie. C'est déjà une victoire ! Ça mériterait même une célébration, non ?

Enfin, sache que **la négociation, ce n'est pas une bataille**. Je sais que j'ai utilisé des métaphores guerrières jusqu'ici, mais la vérité, c'est qu'on négocie en temps de paix, et non en temps de conflit. Si tu négocies avec quelqu'un, c'est que vous avez au moins un intérêt en commun, même si d'autres divergent. Toi et la personne en face de toi avez déjà des concepts en commun – l'idée que tu es compétente pour le poste, par exemple – et vous regardez ensemble dans la même direction pour résoudre ceux sur lesquels vous n'êtes pas d'accord – ta rémunération, par exemple. Il est certain que ce différend peut aboutir à une solution satisfaisante pour tout le monde. Une négociation est réussie quand son résultat final met toutes les parties en accord avec leurs valeurs.

ET SI ÇA NE MARCHE PAS…

Tu as essayé de négocier ton salaire et rien à y faire, il est impossible d'obtenir ce que tu souhaites. Évidemment, il y a toujours l'option de refuser le poste ou de quitter ton entreprise actuelle pour de meilleurs horizons. Partir parce que l'argent ne te convient pas est une raison pleinement valable, ne laisse personne utiliser le tabou qui entoure ce sujet pour te donner honte là-dessus !

Mais si ce n'est pas ce que tu souhaites, alors que faire ? D'abord, il reste l'option de **négocier sur la part variable du salaire**. Peut-être que l'entreprise est frileuse à l'idée de te donner un énorme salaire d'entrée. Dans ce cas, ils peuvent augmenter ta prime de résultat : si tu remplis tes objectifs, ils réussissent leur pari et tu gagnes une belle somme d'argent en récompense.

Il est aussi envisageable de négocier tout ce qui est avantage non monétaire. Souvent, les entreprises sont plus souples sur le sujet, parce que ces avantages n'impliquent pas les mêmes lignes budgétaires ni les mêmes impôts. Évidemment, le bémol, c'est que ça ne compte pas pour tes cotisations retraite et chômage, mais certains avantages valent quand même le coup et peuvent être une façon de ne pas repartir bredouille. En guise d'exemple, je peux te parler de la carte de transport, du financement d'un vélo, d'une voiture d'entreprise, d'une carte-essence, de jours de congés supplémentaires, de formations ou de certifications… Une de mes coachées, C., a négocié de passer une certification très chère et très convoitée. Bien sûr, l'entreprise a aussi bénéficié de l'énergie de C., qui a travaillé pour réussir sa certification. Mais la certification a surtout permis à C., quelque temps plus tard, de quitter l'entreprise et de négocier un très beau salaire à la concurrence !

Maintenant, je vais envisager la possibilité que ton employeur ou ton futur employeur soit opposé à toute discussion. Déjà, pour ma part, je classe ça dans les *red flags*, mais passons outre pour le moment. Dans ce cas, ce que tu dois obtenir à la fin de la discussion, ce sont des billes pour la prochaine négociation. Il est important **que tu comprennes ce que tu dois faire à leurs yeux pour mériter le chiffre que tu demandes**, et à quelle échelle de temps. Par exemple, tu peux leur dire : « J'entends que c'est un non ferme et définitif pour cette fois. Que puis-je faire pour m'assurer que ce sera oui dans six mois ? » En plus, au-delà de te donner des billes pour revenir à la charge dans six mois, quand tu auras bien accompli ces objectifs, tu vas pouvoir déterminer s'il s'agit vraiment un *red flag*. Typiquement, si ton interlocuteur ne peut pas te dire ce qui coince, c'est qu'il n'a jamais envisagé de payer les employées à leur juste valeur et sur la base de leurs compétences. Dans ce cas, tu peux relire les premières phrases de cette partie.

ET POUR CELLES QUI NE PEUVENT PAS NÉGOCIER ?

Tu es fonctionnaire et tu penses ne pas pouvoir négocier ton salaire ? Ou alors, tu es dans une grande entreprise et on t'a fait le coup de la grille salariale ? Je reçois ce commentaire à chaque fois que je parle ouvertement de salaire. J'ai même eu le cas directement avec A., qui a rejoint une structure publique. Dès le début, il lui a été bien précisé qu'elle ne pouvait pas négocier. Avec les méthodes dont j'ai parlé avant, A. a tout de même obtenu 2 000 € de plus par an. Ce n'était donc pas si impossible ! Il en était de même avec L., qui travaille dans un grand groupe industriel européen. Elle n'a pas mordu à l'hameçon quand la responsable des ressources humaines a mentionné la grille salariale, et elle a aussi obtenu gain de cause avec plusieurs milliers d'euros supplémentaires par an.

Dans les deux cas, la négociation s'est passée de façon un peu détournée. Elle a porté plutôt sur **l'échelon et la catégorie dans lesquels le poste et les compétences entrent**. Dans le fond, il s'agit d'un simple décalage du terrain de la négociation, mais ça ne change rien au besoin de défendre ta valeur, ni au fait que les hommes le font bien plus que les femmes. Donc, si tu as sauté toute cette partie en pensant qu'elle ne te concernait pas, j'espère que tu vas y retourner et lire attentivement pour essayer à ton tour !

☑ **Tous les chapitres précédents mènent à cette négociation de salaire, car cette somme est la reconnaissance concrète par laquelle ton employeur te remercie de ton travail. Pour arriver plus forte à cette négociation, prépare un bilan chiffré de tes succès, et définis ton salaire idéal et le salaire minimum sous lequel tu ne veux pas descendre. Utilise les exercices de *boost* pour arriver en confiance. Si ça ne fonctionne pas, n'oublie pas de demander à ton employeur de définir les objectifs qui te vaudraient cette augmentation la prochaine fois !**

CONCLUSION

Nous voilà déjà à la fin de ce livre ! Je t'ai livré autant d'armes que j'ai pu pour que tu sois prête à prendre ta place dans le monde du travail, que tu y entres à peine ou que tu n'aies jamais vraiment su comment jouer des coudes. J'espère que tu repars de cette lecture avec au minimum la certitude que **tu mérites le meilleur**, que **tu as le droit de prendre toute ta place sans t'excuser d'exister**.

J'espère aussi que cette lecture t'a permis de prendre conscience que **tu as toujours eu en toi le pouvoir d'être celle que tu souhaites être**, en dépit de ce que tout le monde essaie de te faire croire. Le vrai pouvoir, c'est celui qui se loge à l'intérieur, dans la confiance et la croyance que tu as en toi. Il sera suffisant, je te le promets, pour dépasser tous les obstacles.

Si la pente est trop raide et que tu fatigues, sache que tu trouveras dans un petit coin de Facebook une communauté-sororité pour te redonner de l'énergie : le *network* des PowHER. Là-bas, si tu tombes, une sœur te tend la main pour te relever.

Le monde n'est pas fondamentalement juste avec les femmes, loin de là. Mais voilà ma tentative d'égaliser un peu le jeu. Et ma croyance fondamentale est que **chaque femme qui réussit rend le chemin plus facile pour les suivantes**, qu'elle choisisse de le faire activement, en mentorant ou sponsorisant une idée, ou qu'elle serve simplement de modèle pour les femmes et de normalisation pour les hommes.

Au-delà de tout, j'espère que ce livre t'aura définitivement convaincue que **tu n'as pas à te limiter dans la grandeur de ce que tu veux accomplir**, peu importe d'où tu viennes. Personne ne demande jamais aux hommes de se limiter, d'être raisonnables, de ne pas tout vouloir. Alors, toi aussi, maintenant, tu sais que tu peux tout vouloir et tout avoir !

KIT DE SURVIE LÉGALE EN ENTREPRISE

Si toutes les salariées (et les employés aux ressources humaines, peut-être) connaissaient bien le droit du travail, ça éviterait bien des conflits et bien des injustices. Mais comme nous ne sommes pas toutes juristes, voici un kit de survie pour connaître au moins quelques éléments qui, je pense, pourront t'être utiles si tu travailles en France !

Pour la rédaction de cette partie, je me suis appuyée sur l'aide avisée de la juriste qui se cache derrière la page Instagram Faitsminisme. Je la remercie d'avoir pris du temps dans sa vie très occupée pour me guider dans les méandres du droit !

CONSEILS GÉNÉRAUX

Pour chaque demande importante que tu fais, il est important de **tout garder par écrit**. Un exemple concret, c'est d'écrire un mail après l'entretien de performance avec les points abordés, pour garder une trace écrite de ce qui s'est dit, des accords trouvés ainsi que des promesses faites. De la même manière, **fais-toi signifier ton changement de poste, de statut ou d'horaires par mail**.

Ensuite, **archive régulièrement tes mails pour en garder une copie** en dehors de ta messagerie, que tu pourras utiliser si tu souhaites constituer un jour un dossier judiciaire, que ce soit aux prud'hommes ou dans d'autres juridictions.

Si tu as un doute sur un élément légal ou si ton employeur te dit que c'est la loi sans pouvoir ni vouloir nommer une source, sache que tu peux te renseigner sur le site service-public.fr ou sur **code.travail.gouv.fr.** Les explications y sont claires et tu peux y faire des recherches par thème. C'est un excellent travail de la force publique, dont on parle bien trop peu.

Tu peux aussi passer un coup de **téléphone directement à la Direccte**, ou Dreets[18], de ta région. Derrière ces acronymes barbares se cache un service de renseignement en droit du travail, géré par le ministère du Travail. Ils peuvent te renseigner sur n'importe quelle question. Encore une fois, c'est un service très pratique et trop méconnu.

Sache aussi que tu peux faire appel à un avocat spécialisé en droit du travail et que, souvent, la première consultation est gratuite. C'est l'occasion pour toi de savoir si la loi est de ton côté, avec l'aide d'une personne professionnelle, donc n'hésite pas. Si tu n'as pas les moyens financiers d'une défense, n'oublie pas que tu peux faire appel à l'**aide juridictionnelle de ta ville**. L'avocat peut même souvent t'aider à obtenir cette aide en faisant le dossier pour toi, donc n'hésite pas à en parler franchement ! Tu peux aussi obtenir une **consultation légale gratuite à la Maison de la justice et du droit** de ton département.

Enfin, dernière source capitale, si tu es **victime de violences physiques ou psychologiques**, que ce soit au travail ou dans ta vie personnelle, tu peux te renseigner sur le site **violencesquefaire.fr** : il recense les noms d'associations d'aide aux victimes ainsi que des éléments de loi qui pourront t'être utiles !

RECRUTEMENT

Les questions sur les sujets suivants sont interdites pendant le recrutement :

- ton état de santé ;
- ta situation familiale ;

18. Direction régionale de l'économie, de l'emploi, du travail et des solidarités.

- ton adhésion à un syndicat ;
- ta vie sexuelle ;
- ton logement ;
- tes loisirs.

Par exemple, un employeur ne peut pas te demander si tu es lesbienne, si tu as des enfants, si tu projettes d'en avoir ou si tu as une maladie chronique.

TEMPS DE TRAVAIL

Le temps de travail varie beaucoup et dépend notamment de ta convention collective, que tu dois pouvoir consulter sur simple demande et qui est disponibles en ligne.

Quoi qu'il en soit, il est important de savoir que tu as le droit à la déconnexion, quels que soient tes horaires, donc ne consulte pas tes mails le soir ou le week-end ! Ton employeur doit aussi s'assurer régulièrement que ta charge de travail est compatible avec ton temps de travail et le respect de ta vie personnelle.

MODIFICATION DU CONTRAT DE TRAVAIL

Ton employeur n'a pas le droit de modifier sans ton accord les éléments suivants de ton contrat de travail :

- ta rémunération ;
- ton secteur géographique (sauf clause de mobilité) ;
- ta durée de travail ;
- ta qualification.

Si tu refuses ces modifications, l'employeur a cependant le droit de te licencier.

GROSSESSE ET MATERNITÉ

Tu n'as pas l'obligation d'annoncer ta grossesse à ton employeur. La seule obligation légale est celle d'annoncer ton départ en congé maternité. Cependant, tant que tu n'as pas annoncé ta grossesse avec un certificat médical, tu ne peux pas prétendre aux modifications de poste ou de temps de travail potentiellement associées. Choisis donc le moment où tu souhaites annoncer ta grossesse ; beaucoup de femmes le font après le premier trimestre.

Tu es protégée du licenciement pendant ta grossesse, ton congé maternité et jusqu'à dix semaines après le congé maternité. Tu dois aussi bénéficier des **augmentations générales** décidées dans ton entreprise, même si tu es en congé, ainsi que de la **moyenne des augmentations individuelles** fournies aux personnes relevant de la même catégorie professionnelle que toi. Ça doit être appliqué à ton salaire dès ton retour, et ça ne peut pas être versé sous la forme d'une prime exceptionnelle.

HARCÈLEMENT

Le harcèlement est la **répétition de propos et de comportements ayant pour but ou effet une dégradation des conditions de vie de la victime**. Cela se traduit par des conséquences sur la santé physique ou mentale de la personne harcelée. La loi punit toutes les formes de harcèlement, en tenant compte de la fréquence et la teneur des actes.

Il s'agit par exemple des actes suivants :

- actes ou propos vexatoires ;
- menaces ;
- propos injurieux ou obscènes ;

- appels téléphoniques, SMS ou courriers électroniques malveillants ;
- visites au domicile ou passages sur le lieu de travail.

Dans un premier temps, tu peux en référer à ton ou ta manager ou à quelqu'un au-dessus de toi dans la chaîne hiérarchique, au département des ressources humaines, au délégué CSE, aux délégués du personnel ou au référent égalité de ton entreprise. **L'employeur a l'obligation légale de réagir** et de prendre les dispositions nécessaires pour enquêter, mais aussi te protéger et mettre fin au harcèlement en cours. À l'opposé, l'employeur n'a pas le droit de te sanctionner, d'une quelconque façon que ce soit, d'avoir dénoncé un harcèlement.

Les enregistrements clandestins sont une preuve recevable, selon le Défenseur des droits. Sache aussi que, souvent, il ne s'agit pas de ta parole contre la sienne. Tu as probablement un faisceau d'indices qui peut suffire, comme des mails, des textos que tu as échangés avec ton agresseur ou même une tierce personne si tu as décrit les faits, des témoignages directs ou indirects… **Garde bien tous tes messages, même ceux envoyés à ta sœur où tu parles de ce qui se passe au travail : ce sont des preuves !**

Le plus important est de demander à **être mise en arrêt de travail si tu es harcelée**. Tout d'abord, c'est indispensable pour préserver ta santé et te protéger. Mais c'est aussi une preuve qui sera examinée. Sans arrêt de travail, il est difficile de prouver l'impact néfaste que le harcèlement a eu sur ta santé mentale et les difficultés psychologiques que tu as vécues.

BONUS

LE SYNDROME DE L'IMPOSTEUR

Portrait-robot (p. 22)

Son nom : ....

Les phrases qui te reviennent souvent en tête :

....

....

....

Les failles dans lesquelles il s'engouffre (p. 23)

Les moments où ton discours interne vire au négatif :

....

....

Les pensées tristes ou négatives :

....

....

....

....

....

Passe ces pensées au filtre de l'amitié :

....

....

....

....

....

Les *cold cases* (p. 27)

Note les *cold cases* que tu ressasses dans tes moments de faiblesse et décide, pour chacun, de les classer ou d'agir pour les régler :

....

....

....

....

....

TA VRAIE VOIX INTÉRIEURE

Dresse la liste de tes succès et de tes accomplissements (p. 29) :

....

....

....

....

....

....

....

....

....

....

....

....

....

....

....

....

L'ÉCHEC

Le scénario du pire (p. 43)

Quelque chose que la peur de l'échec t'empêche de faire :

....

Ce qui se passerait dans le pire scénario possible :

....

....

....

....

La probabilité que ça se passe réellement ainsi :

....

Comment te prémunir des risques que ça se passe ainsi :

....

....

....

Ce qui se passerait dans le meilleur scénario possible :

....

....

....

....

La probabilité que ça se passe réellement ainsi :

....

L'échec volontaire (p. 46)

Décide de tenter quelque chose, dans les prochains jours, qui risque fortement de se solder par un échec. Note tes émotions et pensées après cet échec ou cette tentative d'échec :

BIEN TE CONNAÎTRE

La liste des qualités et défauts que tu vois en toi (p. 50) :

....
....
....
....
....
....
....
....
....
....

La liste des qualités et défauts que tes proches voient en toi (p. 51) :

....
....
....
....
....
....
....
....
....
....
....
....
....
....

PRENDRE CONFIANCE

Note ce qui fait de toi une licorne, ce qui fait que tu n'entres pas dans le moule (p. 58) :

Note ton mantra et ta méthode (p. 59) :

....

....

....

....

....

LETTRE À TOI-MÊME

Écris une lettre à la toi du futur (p. 61) :

....

....

....

....

....

....

....

....

....

....

....

....

....

....

....

....

....

....

....

....

TES RÊVERIES :

Écris tes rêveries instinctives, par exemple le soir (p. 71). Tu peux utiliser les questions de la p. 74 si tu as besoin d'inspiration.

TON VERBE D'ACTION

Note les activités que tu apprécies au quotidien, qui donnent un sens à ta vie, ou que tu aimerais faire (p. 74) :

....

....

....

....

....

....

....

....

....

....

....

....

....

....

....

....

....

....

....

....

Quelques sous-groupes qui rassemblent ces activités :

....

....

Un ou deux verbes d'action qui rassemblent les sous-groupes :

....

TON *STORYTELLING*

Trouve manière originale et mémorable de raconter ton parcours avec des épreuves, des leçons, des antagonistes (p. 103) :

....

....

....

....

....

....

....

....

....

....

....

Tourne une de tes caractéristiques (désavantage) comme un argument choc grâce au *storytelling* (p. 106) :

....

....

....

....

....

Note les chiffres qui représentent tes performances professionnelles (p. 109) :

....

....

....

....

PRÉPARE TA NÉGOCIATION SALARIALE

Ta valeur (p. 122)

Le salaire moyen de ton poste
(collègues, offres d'emploi...) : ....

Le salaire que tu vas demander (salaire-cible + 10 %) : ....

Le salaire sous lequel tu refuses de descendre :.....................

Ton argumentaire (p. 125)

Les éléments de ta liste d'accomplissements (en plus des chiffres de la page précédente) :

....

....

....

....

....

....

....

Ta réponse à l'argument de la crise :

....

....

....

....

....

....

Ta motivation (p. 127) :

Dresse la liste de ce à quoi l'argent gagné te servira :

....
....
....
....
....
....
....
....
....
....
....
....
....
....
....
....
....
....
....
....
....
....
....
....
....
....
....
....

INDEX

REMERCIEMENTS

Je tiens à remercier en premier lieu ma famille, et particulièrement mes trois sœurs, Nassima, Afafe et Khédidja. Elles sont la source de ma confiance et mon inspiration pour PowHER ta carrière tous les jours. C'est parce que mes sœurs sont des femmes exceptionnelles, justes et brillantes, même dans les moments d'injustice et de sexisme qu'elles vivent parfois au travail, que j'ai voulu aider toutes les femmes à faire carrière en dépit de ces obstacles. Dans mon équipe de foot, elles sont indéniablement ma triplette magique en attaque.

Dans le rayon des femmes d'exception et de talent, je veux aussi remercier mes milieux de terrain, Katia et Axelle, pour leur excellent travail. Elles ont su prendre un manuscrit écrit par une ingénieure avec peu d'imagination pour en faire un merveilleux livre dont je suis très fière. Ce projet est vraiment le nôtre et je suis reconnaissante d'avoir croisé votre chemin à toutes les deux. Je tiens aussi à remercier Charlotte, pour avoir su rendre ce livre beau à partir de mon document Word rédigé d'un bloc en police 12.

Je remercie aussi mes amies, soutien de dix ans ou de moins longtemps : Priscille, Jeanne, Kahina, Marie, Hélène, Pascaline, Tifenn, Alexia et Olivia. Si tout le monde avait de telles *cheerleaders*, personne n'aurait plus peur d'entreprendre quoi que ce soit. Vous êtes l'ingrédient secret de mon courage au quotidien.

L'équipe ne serait pas complète sans une excellente défense centrale sur laquelle je peux me reposer. Je remercie donc mon compagnon, mon roc, qui me soutient même à une heure du matin, même quand je me mets toute seule dans des plans galères. Merci à toi, Pierre !

Et pour finir, je veux te remercier, toi, d'avoir lu ce livre jusqu'au bout, ainsi que ma communauté de 17 000 PowHER girls sur Instagram ! Vous m'apportez toutes au moins autant que ce que je semble vous apporter, jour après jour. Vous me faites avancer au moins autant que ce que je semble capable de vous faire avancer. Ce cercle vertueux est devenu indispensable à mon bien-être et, pour ça, je vous remercie du fond du cœur !

Dépôt légal : septembre 2021
Achevé d'imprimer en France par la Nouvelle Imprimerie Laballery en août 2021.
N° d'impression : 108172